# 家长做对了，孩子才优秀

沈俊杰◎著

海天出版社（中国·深圳）

图书在版编目（CIP）数据

家长做对了，孩子才优秀 / 沈俊杰著. — 深圳：
海天出版社，2015.10
ISBN 978-7-5507-1395-6

Ⅰ. ①家… Ⅱ. ①沈… Ⅲ. ①儿童教育－家庭教育
Ⅳ. ①G78

中国版本图书馆CIP数据核字(2015)第135067号

# 家长做对了，孩子才优秀
JIAZHANG ZUO DUI LE，HAIZI CAI YOUXIU

出 品 人　聂雄前
责任编辑　林凌珠 许全军
责任校对　张　玫
责任技编　梁立新
装帧设计　知行格致

出版发行　海天出版社
地　　址　深圳市彩田南路海天综合大厦（518033）
网　　址　www.htph.com.cn
订购电话　0755-83460202(批发) 83460239(邮购)
设计制作　深圳市知行格致文化传播有限公司 Tel：0755-83464427
印　　刷　深圳市新联美术印刷有限公司
开　　本　787mm×1092mm　1/16
印　　张　16.25
字　　数　220千
版　　次　2015年10月第1版
印　　次　2015年10月第1次
定　　价　35.00元

目 录
CONTENTS

# 第二部分 掌握一套行之有效的教育方法 / 99

## 用"四步学习法"来教育孩子 / 100

## 怎样运用"四步学习法"引导孩子学习？ / 123

# 第三部分　制订一个家庭教育计划 / 175

## 关于家庭教育计划的概述 / 176

## 培养孩子心理素质的计划 / 188

# 第一部分

## 建立清晰明确的家教观念

# 要把"家庭教育"当一门专业课来学

## 想教育好孩子，家长一定要多看一些书

当年在大学里读物理系，如果不算基础课，只算专业课的讲义和书，总共也就十多本吧。学完这些，对外就可以号称是专业人士了。为人父母，要学教育孩子的知识，需要读多少本书呢？我做个粗略的分类和统计给大家看看：

| 类　别 | 相关书目 |
|---|---|
| 中国传统教育及家教理论方面的书籍 | 《大学》《论语》《孟子》《近思录》《传习录》等儒学经典中有大量关于育人、学习以及学习规律的论述。此外专门针对家庭教育的家训也有很多，《曾国藩家训》《颜氏家训》《朱子家训》都是家长不能不读的经典。特别推荐《曾国藩家训》，从教育孩子的大道理到小方法，都有详细的论述。家长想要培养一个有文化根基和传统根基的孩子，自己最好能先了解一些这方面的知识。 |
| 外国传统教育及家教理论方面的书籍 | 值得泛读的有卢梭的《爱弥儿》、约翰·洛克的《家庭教育》；值得精读的有德国教士老卡尔·威特教育出天才儿子的经验介绍书《卡尔·威特的教育》，很多反对早教的人，我肯定他们没读过这本书。把西方传统和中国传统对比着看，既可以让我们领悟人类文化的共通之处，也可以弥补中国传统文化的不足之处，也是把孩子培养成一个"世界人"的必要条件。 |

（续表）

| 类　别 | 相关书目 |
|---|---|
| 中国现当代关于教育，特别是家庭教育的书籍 | 这方面我首推当代教育家魏书生先生的书。他的《教育改革与素质教育》和《班主任工作漫谈》都是我百看不厌的经典著作。千万不要误以为魏老师的书只是写给班主任看的。读他的书会有茅塞顿开的感觉。除此之外，我还建议初为人父人母的家长们读一读王东华先生的《发现母亲》，这本书最大的特点是有关早教的资料收集得很全。如果家长们还想研究得更深一些的话，可以读一读陶先生的《陶行知文集》，以及朱光潜、季羡林写的关于教育和学习的著作。读这些大家们的书，你也许会发现，曾经以为只是现代孩子才有的问题，其实几十年前早就有了。教育的困惑，总在不停地重复出现，不爱看书的家长们总以为自己孩子的问题是空前绝后的难题。<br><br>　　另外，还推荐一本由六个孩子的父亲蔡笑晚写的《我的事业是父亲》。这本书能帮助对家庭教育之重要性尚缺乏认识的家长们悟透事实的真相，知道决定孩子学习能力的真正力量是在家庭教育上。 |
| 外国近现代关于幼儿教育的书籍 | 这里首推蒙台梭利的书，如《蒙台梭利教育全书》等。我认为蒙台梭利的书写得很情绪化，架构和表达也不能算清晰明了，故很多人读不下去。我建议用泛读的方式来读蒙氏的书。简单地总结蒙氏的教育思想就是：要让孩子尽量多实践，以便孩子尽快独立。<br>还有不能不读的是两位日本早教大师的书：木村久一的《早期教育与天才》和铃木镇一的《早期教育与能力培养》《儿童早期音乐教育》等。有人评价说是他们让日本实现了历史性的腾飞。看完这两位大师的书，你会觉得"等孩子出生之后，家长才考虑教育的问题，那已经有点晚了"。 |

（续表）

| 类　别 | 相关书目 |
|---|---|
| 有关儿童心理学方面的书籍 | 建议家长们读些心理学方面的书，了解一些最基本的儿童心理特征和成长规律。如果家长们对这方面一无所知，将难以正确认识孩子变化发展的阶段性和快速性，更谈不上有预见性、有前瞻性地引导孩子发展。尤其是独生子女家庭，往往是家长还没弄清教育孩子是怎么一回事，孩子就过了家庭教育的钻石期、黄金期，酿成终生的遗憾。在家庭教育方面，我们不能先实践后总结，甚至不能边实践边总结。建议看看各种版本的《发展心理学》，重点看埃里克森的《人格发展理论》，以及心理学家马斯洛和阿德勒的书，他们的很多著作里都有谈到教育孩子的问题，而且讲得浅显易懂。戈德法布的《天才之路》里关于从婴儿到少年脑神经变化的研究报告也值得一看。另外还强烈推荐维克多·弗兰克的《追寻生命的意义》，他从人性深处的角度告诉我们，该怎样构建孩子的精神世界。 |
| 名人传记类的图书 | 我研究家庭教育的方法是，分析优秀人士所受的家教经历，寻找共性特征，总结出规律性的东西，供后来者参考。所以，需阅读大量的名人传记。家长培养孩子，希望他们能超越自己，这不能只靠自己的一点经验"井底教娃"。我们必须要了解历史上的那些伟人们成长的经历与心路历程；还要看看当今世界的精英们是怎么被教育的。所以，苏东坡、曾国藩、林肯、胡适、鲁迅、陈寅恪、居里夫人、季羡林、杨振宁、赵小兰、赖斯、李开复、乔布斯、郎朗、曾子墨等人的传记，就不能一点儿都不读。如果对这些人的学习成长过程知之甚少，那教育起孩子来就很容易局限在鸡毛蒜皮的事情里。 |

## 讲课的内容和专家的水平

沈老师很了不起啊！能在我们华为的 F2 大楼里，以个人名义举办几十场演讲，而且场场受欢迎。华为员工可是很挑剔、很苛刻的，如果课后评价不高，那是很难再被邀请的。但说老实话，听很多专家讲课，往往是听的时候觉得蛮有道理，可回去后又不知道该怎么做。

华为家长

这要看讲什么内容。教育很像管理，本质内容我认为就三样——原则、方法、计划。如果只谈原则，那听众听完回去，可能还是不知道怎么做。

沈老师

原则、方法和计划。看来专家要讲方法才行，沈老师的方法论是什么呢？

华为家长

核心就是我的"四步学习法"。家庭教育引入"四步法"，相当于华为引进 IBM 的管理系统。"四步法"能对孩子从立志（思想建设）、订计划（行动安排）、坚持（习惯养成）到趣味盎然（享受成就感）有一个完整清晰的流程引导，家长也就有了正确施教的路线图。

沈老师

沈老师对华为很了解嘛，您这个比喻，对华为人来说太形象了。我觉得"四步法"的最大优点是有逻辑性。很多专家，一样一样地平行罗列，感觉像拼盘，家长不好操作。

华为家长

华为是伟大的公司，华为人是最可爱的人，我是任总的"铁粉"。好的方法，关键是解决了流程问题。当然，好方法也不是很简单。想用好，得深入学习才行。

我们华为人的学习能力普遍很强，这一点您不用担心。

"打铁还需自身硬"，作为专家除了讲话的水平外，更重要的是要有真才实学。

怎么判断专家有真才实学？

如果一个研究家庭教育的人，没有回答过上千人次的提问、接待过上百人的咨询、没给几十个家庭做过家教指导（订家教计划，持续辅导解决问题）、没帮过几个网瘾孩子（中断上学的中学生），就要"缓称王"。因为不经历这些，你对教育的理解就有可能不够全面和深刻。

您这要求也太高了吧？符合这个条件的，深圳能有几个人啊？

因为你不大量回答问题，就不知家长们的困惑在哪儿。不做咨询，你就不了解家长具体卡在哪个细节处。可不要把人想得很笨哦！深圳这些受教育程度普遍不低的家长们，一般人想到的办法，可能都用过了。另外，你不去建设性地帮助几个家庭，扎扎实实跟着一步一步解决问题，就容易自说自话，乱指责家长。

沈老师在这些方面，都已经做得很好了？

沈老师

有一定的经验了。给我触动最大、令我思考更深的是帮助"问题孩子"。那些家庭的痛苦程度、家长们的施教水平、孩子们的变化过程等等，都不是我之前想象的那么简单。经历了这些，你会对人性的复杂程度、对教育孩子的风险，有刻骨铭心的体会。

华为家长

一般人一辈子只带一两个孩子，可能还没弄明白怎么回事，孩子就已经长大了。您这等于是经历了不同家庭的各种教育方法，是比较难得的经历。

## 教育不好孩子，家长要反省自己学的够不够

曾国藩说："我经历了太多的人和事后发现，那些管不好下属的领导，根本的原因是他们的智慧不足。"（"阅历日久，乃知治人不治者，智不足也。"）

据本人观察，那些老是抱怨自己孩子难管的家长，多半对家庭教育的知识缺乏足够的认知和了解。虽然这些家长在其他领域往往都是出类拔萃的优秀分子。

教育，特别是家庭教育——从家长、家庭的角度对孩子施教，是一门学问。为人父母者，必须要在这个方面进行系统、专业地学习。现在的教育竞争，已经到了比拼家教的时代，对家庭教育的任何疏忽，都会给孩子造成不可挽回的损失。

## 究竟什么是教育？

大家天天在说教育的事，究竟什么是教育？看看美国当代教育学

家加涅对教育的定义。

所谓教育，乃是施教者对受教者的思想和行为进行规划、引导、激励和规范的过程。换句话说，教育是有目的、有计划、有行动地去训练和塑造受教者思想与行为的主动行为，是一个主动去施加影响的过程。

单纯地观察、看、等，甚至是无意识、不连续地施加影响，都不能算是教育。教育是一个有很强的方向性，朝着清晰目标努力的过程。

用这个定义考核哈佛大学：先看学校对学生是否有一个教育的规划（哈佛的教育理念、愿景等）；采用了什么高明的引导模式（教学内容和方式）；老师对个体的学生，有没有直接的激励、点拨，耳提面命等；最后，还要看哈佛的校纪、校规（教育的规范部分）怎么样。考试如果能随便抄，那谁还会熬夜复习？这个定义不仅仅适用于哈佛，所有的教育单位，从幼儿园到大学，工作本质都要吻合这个基本的定义。

家庭教育也是教育，好的家庭教育，本质上也都吻合这个教育的定义。考察家庭对孩子的教育是否合格，也遵循同样的定义。您对孩子的长期发展是否有清晰的规划？为达教育目标，您有什么具体的行动安排？针对孩子的表现，家长是否给予及时恰当的激励？对孩子的不良行为，有无必要的规范和惩戒？如果这些都没做到的话，坦率讲，不论您自己声称多么重视孩子的教育，在我看来，府上对小少爷或大小姐，并没尽到家庭教育的责任。

## 教育好孩子的秘诀是什么？

教育好孩子的秘诀是家长不间断地深入学习教育的知识。因为对孩子来说，没有最好，只有更好。很多家长愿意给孩子当"二十四孝"的爸妈，一点怨言也没有，但让他们静下心来学习有关教育的知识，他们往往显得很不耐烦，或是力不从心。

孔子把人分成四类，"生而知之者，上也"，"学而知之者，次之"。他说他自己"我非生而知之者"，而是"学而知之"的二等人才。此外还有"困而学之"和"困而不学"的这两种人。

家长们大致也是如上这几种类型。教育只能解决未来的问题，孩子的现状乃是之前教育水平的体现。所以，家长在家庭教育知识的学习上，应超前于孩子的年龄才最好。未雨绸缪，有前瞻性地学习家庭教育知识的家长，你们是和孔子一样伟大的人。

还有些是在遇到了很多头痛的问题后，才下决心要专门研究一下家教知识的家长，虽有点晚但也不错。最麻烦的是那些始终只会抱怨环境，不愿静心学习领悟的家长。

还有一些家长，他们总幻想能有一个非常简单，又不费力气，而且还一下子就能让孩子"变了个人似的懂事了"。（很多善于捕捉"商机"的人，也一再声称自己已经掌握了某种简单而又神奇的教育方法。）

但是，大家理性地想一想，世界上真会有这样既简单又管用的方法吗？是不是曾国藩、卡尔•威特、蔡笑晚他们都很傻，不知道用简单的办法教育孩子？

巴尔扎克说"从平民到贵族，需要三代人的努力"。十年树木，百年树人。没有两三代人的不懈努力，是很难培养出一个有根基的大人物的。

心理学家荣格说："最强烈地影响环境，尤其影响孩子的，莫过于父母丧失活力的生活。"家长愿意学习的态度或不愿意学习的态度，都会给孩子造成影响。

还有个别自负的家长，不认为自己还需要专门学家庭教育方面的知识。典型的心态是"我当初学习成绩那么好，现在教个孩子有什么难"。对此我要说，出色的运动员未必是合格的教练员，教育有它特有的规律，不要想当然。

当然，我们在学习中也不能迷信，谁说的都照办，这样会无所适从。现在是信息爆炸的时代，说什么的都有。换句话讲，不管你用什么方法教育孩子，都能找到提倡这种教法的专家和理论。信息太多，跟没信息也差不多，还得靠自己来思考和判断，弄清各种观点的来龙去脉，判断它们的逻辑是否成立。对家长来说，最重要的是通过学习，形成自己的一套教育孩子的正确方法。

世界是多样性的，因此才成就了世界的美丽。有个性的家庭教育才能培养出个性化的人才。但是，不论怎样强调个性，无知都不能算是"有个性"。家长不能在孤陋寡闻中形成"自己的一套"，一定要先深入广泛地学习，使自己站在前人的肩膀上，之后才有资格归纳出比较可靠的东西。

## 有顺其自然的教育方法吗？

**家长** 中国家长太功利，个个把娃娃当天才，都想逼孩子上北大清华，都想当音乐家、科学家。这可能吗？现实吗？

**沈老师** 您的意思是？

**家长** 应该顺其自然嘛。一沙一世界，每个孩子都不同，要百花齐放，家长最不应该勉强、逼迫孩子。

**沈老师** 您觉得有顺其自然的教育方法吗？

**家长** 当然有啊！我们家教育孩子就是这样，孩子愿意干的事情我们就鼓励；不愿干的事情我们绝不勉强，不逼迫孩子去做。

沈老师

如果用这个标准的话，中国比你们更顺其自然的人家可多了去啦。农村很多"留守儿童"，老人们一般只能照顾其生活，教育上大多无能为力，更不可能勉强娃娃们去学这学那。你看那些留守儿童，是不是享受到了更为纯粹的"顺其自然教育"呢？从全国来看，这个群体的数量应远多于整天逼孩子弹钢琴、学奥数的家庭吧？

家长

这个，沈老师恐怕是拿极端例子说事儿了。我所说的不勉强孩子，是指家长要尊重孩子的兴趣选择，让孩子有充分的自主参与意识。

沈老师

那好，我请你设想各种不同家庭条件下的情况，比如边远贫困农民家庭和大都市知识分子中产家庭，他们对自己的孩子都实施你所谓的顺其自然教育法，你觉得效果会一样吗？前者会对音乐、美术、芭蕾，甚至是网络游戏有兴趣吗？

家长

嗯，各家庭之间的物质条件和生活环境不同，这可能使孩子接触的东西完全不同，导致他们的兴趣爱好也可能不一样。

对！换个说法就是，家庭给孩子营造不同的环境，就会让孩子"顺"出不同的兴趣爱好。即使是富裕家庭，就像你家，你们是尽量创造机会让孩子多接触音乐、绘画、科学、体育、社交等活动，使孩子在各种熏陶、影响和刺激下，对科学、人文、艺术、体育等产生兴趣呢，还是整天忙着打麻将或上网，什么都懒得管、懒得做，让孩子在电视机和游戏机里，凭空产生各种爱好，还美其名曰顺其自然？

家长

当然还是要给孩子创造条件，让他广泛接触有益于他健康成长的东西才行。家长什么都不管，又指望孩子有高雅的情趣，那不成了守株待兔嘛！

沈老师

好！你承认教育不是等待和尊重这么简单。那我要进一步说，环境只决定了一个接触的机会，跟孩子是否真正发生兴趣，并认真去学，还隔着一条河、一座山的距离。君不见很多音乐老师的子女没能掌握一样乐器，数学老师的孩子最痛恨数学吗？看见山与登上山，那还是两码事。

家长

这个我理解，你不可能把孩子往美术馆一领就指望他想当画家，听几场音乐会就成音乐家。孩子还需要大人进一步地引导，但我还是认为要有方法，千万不能逼迫、打骂孩子，您说呢？我孩子还小，我还没有这方面的体会。您说，在引导孩子上该怎么做？

沈老师

你要先弄明白什么是教育。

## 蔡笑晚的教子秘诀

把六个孩子培养成名校毕业生，其中三个还是留美博士的父亲——乡村医生蔡笑晚，在他的《我的事业是父亲》这本书里，回答"教育的秘诀是什么"的时候，写下了下面这些话：

这些年来，经常有许多望子成龙、望女成凤的父母来电或来人询问关于培养孩子成才的许多具体问题，而且无一例外地都问到教子成才最重要的秘诀是什么。

我再三向这些用心良苦的父母们讲明，教子成才是"一条苦不尽的河流，是耗费人的整个身心的巨大工程"。如果一定要问到"秘诀"两个字，我们可以提供给朋友们最重要的秘诀是：

一、当其他的父母把3岁以内的幼儿期看成是无知的蒙昧阶段，让孩子最宝贵的智力开发期白白流逝过去时，我们却认为孺子可教，尽早地开始了早期教育。

二、当其他父母把五岁左右的孩子托付给不懂教育的人或者送进不正规的幼儿班而让孩子染上许多不良习惯时，我们在策划如何让孩子早读。昔日有孟母三迁，传为千古佳话。我们为了孩子读书也曾搬家多次，实现了让孩子早读的愿望。

三、当其他父母发现孩子智力不俗，满足于各种比赛获得的优胜奖状时，我们却在策划如何利用优势，争取时间，让孩子进行跳级或读少年班。

四、当其他父母发现孩子很优秀，拼命地到处宣扬、预支鲜花，徒然增加孩子的心理压力时，我们却尽量让孩子不露锋芒，保持平静，使他们在没有压力的环境中，轻松地按照自己的愿望去发展自己，而不必不断地向别人证实自己的优秀，这大大有利于他的成长。

五、当其他父母把考上大学作为孩子的最后胜利而感到心满意足、松一口气时，我们对孩子说，考上大学是求学的真正开始，以前的阶段都只是打基础而已，因此他们早早地开始准备考研究生或出国留学。

总而言之，我们只是天下望子成龙、望女成凤的父母中的普通一员。培养孩子没有灵丹妙药，我们无非是做了一些人们没有想到或不敢想的事，牺牲了一些人们不愿意牺牲的东西。

蔡爸爸的所谓"秘诀"，讲出来居然是这么长的几段话，且每一样执行起来又都特费劲儿，这和阿里巴巴只要念一句"芝麻开门"，金银财宝就顿现眼前的真"秘诀"相比，真是太不爽快了。

但现实就是这样扫兴。这也是望子成龙的父母虽人山人海，但真正把孩子教育好的家长并不是很多的根本原因。孩子与孩子之间，教育与教育之间都是竞争关系。

　　还有些家长听说蔡爸爸把培养孩子当成自己的事业来干，就把头摇得像拨浪鼓，认为自己还有其他更重要的事业要干，不能一切只围着孩子转。但让我说就完全可以，因为蔡先生可是要培养六个孩子呀！所以，他非得倾注一生的时间和精力不可。而现在一般家庭只有一个孩子，理论上家长只需花蔡先生六分之一的精力，就可达到同样效果。退一步说，夫妻二人至少应该有一人，在人生的一段时期里，把培养孩子视为自己的一项神圣而严肃的任务来对待。如果两口子连蔡先生的六分之一都不愿意付出，那就有点说不过去了。

# 和一位蓝领妈妈的对话

## ——把儿女教育好，你就对国家做了大贡献

蓝领妈妈

　　我来深圳都20年了，初中毕业就来打工，我老公高中没毕业就去当兵，复员后就一直在深圳开车。我们没买房，但我们有一儿一女，都很乖很听话，他们从小在深圳长大。我们一家肯定不能再回老家生活了，回不去了。现在儿子刚上学，女儿也快了。以前是婆婆帮我们带孩子，现在我老公让我这几年别出去工作，主要在家管两个孩子的学习。他说只有把娃娃培养好，将来能上大学，能在深圳工作和安家，我们才算是在深圳扎根了。

沈老师

　　你老公的想法是对的。你们在深圳虽属于弱势群体，但也能改变。当年从大陆跑到台湾的两百多万人情况比你们更糟，每个家庭除了孩子几乎一无所有。作家龙应台描述这些人的状况时说，这些外来的孩子，从小就知道自己跟人家不一样……这两百多万人有一个共同点，就是全部投资都给了孩子的教育。对这两百万人来说，教育就是垂到深井里、能让你爬出来的唯一一根绳子。只要国家太平，政策公平，教育就是我们改变境遇，向上提升的绳子。全力以赴把娃娃教育好，这是改变家境的有效方法。

但我觉得压力太大啦！再说，我年纪轻，就想出去工作，不想在家带孩子，心里很不适应啊。

蓝领妈妈

仅仅照顾孩子的吃穿是简单事。但把孩子培养成一个人才，那就是一项事业，如果把孩子培养成名人大师，那你就是在干一项大事业！不仅对家庭，而且对社会也是做出了巨大贡献。你自己要有使命感。

沈老师

其实吧，我担心的是，就算我在家管孩子，也怕管不好，到时候孩子上不了大学，老公又怪我，我不好做人。有时候我宁可老公回家管孩子，我去挣钱。

蓝领妈妈

这么说吧，你跟古代的文盲妇女——孟母相比，条件怎么样？你与一百多年前，安徽乡下的半文盲小脚妇女——胡适的妈妈比，条件和水平怎么样？现在都什么时代了！只要你真有决心，就一定能教育好。

沈老师

哈！我比古代的妇女肯定还是好一些的。我这么抓孩子们的教育，别人是不是会说，我们自己不行，就强迫孩子学，让孩子将来养活我们？

蓝领妈妈

沈老师

> 你想的可够多的！孩子将来有出息，首先受益的是他们自己，其次是他们的子女，最后才是父母。很多父母最终也没享上成功子女的福。退一步说，今天你们尽力把娃娃教育好，明天他们有能力照顾父母的生活，这不应该吗？不荣耀吗？父母不尽责，孩子不尽孝就好吗？

## 家庭教育的意义就是追求一代更比一代强

有个家长跟我说，她与婆婆之间唯一的矛盾就是孩子的教育问题。有一次，她把六个月大的儿子放在地板上让他自己爬，婆婆却坚决反对。两人争了起来，婆婆说："我的儿就是这么养大的，现在不也好好的？你也喜欢得不得了啊！"搞得这位儿媳哭笑不得。

还有一个在宝安一家工厂当经理的爸爸，坚决反对老婆去参加家长培训课程，理由是"当初我爸妈在农村什么课都没上过，我现在不也挺好的"。

简单地说，孩子可以分为三类：一类是因家庭教育出现明显失误，造成严重后果的，如教养方式不当造成孩子学习困难，甚至沉溺网瘾以致辍学的，属于"问题少年"一类；第二种类型是家庭教育虽然未出现大的差错，但孩子各个方面表现一般，属于普通的大多数；第三种是家教很成功，孩子十分优秀，成年之后对社会和家庭也有重大贡献的，属于优秀类。

如果，我们的家庭教育只满足于不让孩子进入"问题孩子"的行列，那家庭教育可能就不是一件很有挑战性的工作。这几年我观察发现，很多问题孩子的家长，原本的想法是"差不多就行"，但结果往往出乎他们的意料。教育孩子好像也有"求上得中，求中得下"的规律。

但如果我们信奉"人类要不断进步""一代要比一代强"的原则，

并想让自己的娃娃跨入优秀的行列，那就有必要对家庭教育进行更深入的学习。再说，只有大部分的家庭都进步发展了，国家才能前进。一半以上的家庭都"今不如昔"，国家肯定处于衰败之中。

所以，我给那个不知该怎样和婆婆沟通的家长建议，要给婆婆灌输"没有最好，只有更好"的道理。儿子是不错，但孙子还要更上一层楼。

## 教育的目的就是为了提升孩子的竞争力

最近看了新加坡《联合早报》的一篇文章，说一位妈妈反对周边的人总给孩子灌输竞争、拼搏的观念，她说她不愿把孩子培养成疯狂的竞争者。她要告诉孩子，该用爱心来对待世界。她认为大家应努力让我们的世界充满友爱，而不是强调互相"拼"。我觉得这位妈妈说的很有道理，这可能是一种先进的教育理念。沈老师你觉得呢？

家长

我也真心希望世界充满爱。像新加坡那样环境幽美、生活富裕的国家，我很想移民过去，那位妈妈愿为我做个担保吗？让我移民到新加坡去？

沈老师

人家怎么会给你……这个想法恐怕不现实吧。

家长

 沈老师 只给孩子讲友爱，不给孩子灌输竞争的观念，我觉得也是不切实际的想法。从国家层面说，发达国家什么时候会主动让利于穷国？你看富国的移民政策，专门限制穷人和没本事的人。再有，跨国公司，什么时候会把市场主动让人？世界竞争日趋激烈，缺乏竞争力的企业和国家，最后连汤都喝不上。这种大背景下，你教孩子不必考虑竞争，能行吗？

 家长 你的意思是，国家、企业间都是你死我活的竞争关系，单讲人与人之间的友爱和不竞争，是行不通的？

 沈老师 准确地说，我认为这位妈妈把竞争和爱心对立起来是错的，应该教孩子既要竞争又要有爱心。要通过竞争去赢得机会，让自身有更大的成就和利益，同时，也不忘献爱心，帮助弱者。其实，很多时候，你取得成就的同时也就为社会做了贡献。

 家长 可是，让孩子从小面对激烈竞争，总觉得会给他们幼小的心灵造成很大的压力，这可不利于他们的健康成长。

 沈老师 纵观历史，人类无时无刻不处在竞争中，就这样一步步走到今天。当然，大人有大人间的竞争，孩子有孩子间的竞争。你可以尽量让孩子晚一点感受竞争气氛（其实很难做到），但你无法让他长时间回避有竞争的现实。

 家长 能不能让孩子自己和自己比？一定要和其他人比吗？做最好的自己不就行了？我感觉孩子自己跟自己比每天都有进步，可跟其他孩子一比，就觉得压力很大。

社会是金字塔形的，资源和机会是有限的。想通了，只要你甘居塔底且不违法，谁又敢说你半个不字呢？最大的困扰是既想居塔尖，又惧怕竞争。教育的本质目的，就是为了提升孩子的竞争力。

沈老师

也不是完全反对比较和竞争，就怕过度强调竞争，会让小孩子承受不住巨大的压力，造成一些心理问题。

家长

这是进一步的问题。解决"承受不住竞争压力"的问题，出路在于培养他们的抗压能力。人是越多参与竞争，就越习惯竞争，也更易获得进步。相反，久不竞争的人，并不能摆脱压力，而是改变了压力的来源和形式。

沈老师

我品出味儿了，你的意思是要鼓励孩子大胆参与竞争，但同时也要教他们"厚脸皮，粗神经"，失败了不退缩，接着再争。是这样的吧？

家长

完全正确！

沈老师

假如全国的孩子都按你说的这样竞争，那会是个什么局面？

家长

如果全中国的孩子都这样竞争，那美国、日本、欧洲的孩子们就会吃不消，到那时，中国人就会像今天的瑞士人一样幸福了。

沈老师

哈！哈！哈！可能吗？

家长

沈老师

学生间的竞争，就是成人与国家竞争的延伸。与其老想减少学生间的竞争，还不如提升抗压能力。有积极竞争心态的孩子，将来也最有可能成为热衷创新的精英型人才。什么都不敢争的孩子，将来能有多大的出息？

## 没精力研究教育的事情，但很想把孩子教育成材，怎么办？

经常有家长问类似的问题，我的建议就是给自己请个"家庭教育顾问"。

现如今是"术业有专攻"的时代，各个领域都有专业人士。炒股票有疑问，你会打电话给证券界的朋友。身体有不适，自然找医生聊聊。讲究一点的家庭，还有长期的家庭医生。遇上法律困扰，自然免不了要麻烦律师朋友给出个主意。专业和非专业的水平，那是差很远的。

家庭教育的事情，一点不比上面这些问题简单和容易。更特别的是，教育还有一个滞后效应。孩子今天的状况，反映了我们昨天施教的水平。孩子明天的优势或缺陷，又取决于家长现在的思考和努力。所以，借助专业人士的力量，第一，可以先人一步，对孩子的教育做出有前瞻性的科学规划，不用等孩子出了问题才找原因、想对策，总感觉慢一步；第二，家长封闭式的思考和教育，免不了会有局限性，与专家交流可以打开思路，拓宽视野，求证自己的想法和做法。某个问题在一家是新困扰、新挑战，但在其他家，可能是早已解决的旧问题。

理性、积极和自信的家长，应该定期找家教顾问聊一聊，说说自己的困惑，听听专家的建议，讨论一下孩子下一步的打算和安排，看看有没有没想到的事……这对我们教育好娃娃，有着不可估量的好处。现代人要学会借助专业的力量为自己服务，这是自信的表现。

## 忧心忡忡的奥巴马

中国教育真是害死个人，把孩子们搞得很辛苦，把老师们弄得很紧张，家长还怨声载道。

家长

那你觉得哪一国的教育比较好？如果请你当教育部长，你打算效法哪国的教育模式？

沈老师

美国教育就比较好，他们用兴趣引导学生，不让孩子们用死记硬背来应付考试。另外也比较注重培养学生的创造力。当然，美国的机会也多，不会千军万马挤高考独木桥。中国教育能像美国的就好啦。

家长

哈哈哈！可你知道吗，美国总统最是羡慕中国教育啊。奥巴马从竞选到上任、连任，在各种演讲里都反复强调：中国教育非常厉害，美国人若不奋起直追，将来的全球霸主地位可就不保啦！

沈老师

沈老师，咱可不兴忽悠人。我也是当过几天老师的，怎么就没听说美国总统害怕中国教育呢？

家长

你现在一门心思在生意和应酬上，哪有时间关心这个。你要真感兴趣，我可以用资料来说明。

沈老师

好好好！算我不学无术，这个问题还请沈教授开示。

家长

沈老师

看我电脑里的资料，美国主流大报《纽约时报》在 2011 年元月刊文称《中国对美国最大的挑战是教育》。文章说："中国对美国最大的战略挑战，还不是新研发的隐形战机。真正的威胁在于中国教育制度的提升，以及背后的学习热情。"

家长

《纽约时报》每天几十个版面，哪天中缝里登篇棒槌文章，咱就拿来当真（针）使？

沈老师

你觉得分量不够是吧？这是我收集的关于奥巴马 2010 年 12 月 6 日在北卡罗来纳州一所大学发表关于教育问题的演讲的报道，这次讲话提到中国的地方有十次之多。

家长

一次演讲里有 10 次提到中国？那是在谈对华外交问题吧？

沈老师

NO! 是专门谈中国教育给美国造成威胁的。在这次讲话中，奥巴马先描述中国的现状，说中国高铁已超美国过去 30 年所建，中国已拥有世界上最快的火车及最快的计算机，中国还有世界上最大的太阳能研究基地等等。当然，还有就是中国已经借给美国很多很多钱……

家长

没那么玄乎吧？GDP 还差着好几倍呢，诺贝尔奖就更不用提了。奥巴马没必要那么紧张。

沈老师

总统担心的不是现在而是未来。他说最令他"受伤"的是，"几年前跨国公司被问及计划在哪儿建新的研发基地时，80% 的公司不是选择中国就是印度"。选中、印的原因是"这些国家重视数学和科学的教育"。

美国一流的学生多愿意学金融、法律、医学等，以进华尔街为荣。中国的尖子生多愿意学数理化。因此中国的工程师后备力量充沛，是跨国公司建研发基地的首选。这个很好理解的。

家长

奥巴马说这种局面若持续下去，"美国就有落后的危险了"。所以，他庄严地宣布："我们这一代人的'卫星时刻'又到来啦！"

沈老师

现在是经济决定一切。跨国公司不在美国开厂设研究所，经济基础就会削弱，时间久了美国当然会吃不消。什么是"卫星时刻"？外星人要入侵地球吗？

家长

美苏冷战期间，苏联人率先发射了人造卫星，这一下把美国小伙伴们给震惊了，举国恐慌。恐慌过后就掀起了轰轰烈烈的赶超苏联热潮。但我觉得这次美国恐怕不好赶了。

沈老师

为什么？现在的中国比当时的苏联还难对付？

家长

沈老师

因为这次发"卫星"的可不是国家，而是数不清的、望子成龙心切的中国家长。他们放的也不是一颗星，而是"满天星"。我极同意奥巴马的观点，中美竞争的本质不仅在国家层面，更在学生及家长层面。若从家长的数量和决心上评估，美国父母怎么拼得过一切为了孩子的中国爹妈呢？这可是几千年来渗透在骨子里的传统。

您又说笑了，奥巴马就那么讲一次话，您还真替中国人民骄傲起来了。

家长

沈老师

那好，我再给你些例子。奥巴马在 2010 年 9 月 27 日参加全美广播公司《今日秀》节目专谈教育问题时，很严肃地说："美国教育已经落后。这一局面如不改变，则美国未来岌岌可危。"同年 9 月，美国新学年开学之际，他对全美学生演讲时，又说："中国和印度的学生可比以前更努力地学习了。你们将来可是要和他们竞争的。你们在学校的成功不仅决定了你们的未来，也决定了美国的未来。"我不知道他是怎么打听到中国学生比以前更努力的，我感觉 1977 年以后的情况都差不多吧。

家长

这明显是拿中国学生吓唬美国学生。我平素里也爱说：你看人家某某某，学习多认真，你不好好学将来肯定找不到好工作。照你这么一说，好像奥巴马挺羡慕中国教育，而担心美国教育，跟我正好相反。他是不是嫌美国学生的压力不够大呀？

沈老师

被你说中了！我研究奥巴马的教改思路，重点可归纳为四条：第一要敲碎美国老师的铁饭碗，改变评估教师的方法，结束大家一起吹竽的日子；第二是要增加学生的考试，不能好歹不分；第三是要增加课时量，减少孩子"放羊"的时间；第四要加重数学和理科的分量，不能只教孩子练一张嘴。

家长

好像我们眼中中国教育的弊端，到奥巴马那全成优点了。不是说应试教育是中国教育的癌症吗？怎么他也要提倡多考试？我不敢相信。

沈老师

过犹不及。美国教育以往是忽略甚至反对考试排名的，但几十年下来，他们发现，在学校受羡慕和关注的学生，不是体育好的就是平日里会耍宝搞怪的。学习好的孩子反被冷落，不受待见。按中国老师的话说，属于典型的"班风不正"。

这个道理我最明白。老师不靠成绩排班次、挣绩效，那自然也不会把学习好的学生太当回事。但中国又太过了，分数是一切，一好百好。我觉得还是应该多元化。

美国一直提倡多元、平等和包容。你宣布当花子，怕也没人敢当面嘲笑你。但在金融危机爆发，经济发展停滞，失业人数激增的情况下，跨国公司却带着资金和工作岗位往中国跑，聪明如奥巴马者当然就会意识到，少数学生不思进取无伤大雅，但美国教育把总的价值取向搞反了，那问题就严重了。所以奥巴马在演讲中大呼："美国人从此要成为有责任心的人。"就这，多元的美国家长们还抵制，说这是奥巴马给孩子们灌输他自以为正确的观念。

我认为"放任不管"和"逼得太紧"都不对。两国的老师们，都应该通过激发孩子的兴趣去引导学生学习。老师天天应付考评，学生天天应付考试也不好。

您这话很像国家领导人的讲话，理论上绝对正确，但现实中很难做到。

那你认为应该怎么说？

两全其美的办法很难找，现实是你不得不选择倾向于某个方向的做法。

沈老师呀，你不会真认为美国教育很糟，中国教育很好吧？

美国教育糟不糟我没发言权，但对中国教育，我觉得大家不能全盘否定。按奥巴马的逻辑，评估教育的好坏，要看它是否对经济

发展和社会进步有帮助。同样的理由近三十年来中国在经济发展和社会进步上取得巨大成就，中国教育自然功不可没。和美国教育对比后可以发现，十全十美的体制还不存在，在我们找到更完美的方法前，先不要急着全面否定自己。

# 适合家庭教育的时间 —— 非常短促，特别珍贵

## 孩子真正让我们教育的时间其实很短

人类的童年期相对于其它哺乳动物，显得那样漫长和不可思议，因为其它动物从新生到成年是一个连续成长的过程。就拿同样是大型哺乳动物的老虎来说，一只3岁虎就已经发育成了可以繁殖后代的成年虎。据科学家研究，如果人类也这样连续地发育，最晚六岁就可以做到完全的性成熟。

但人类的特别之处在于，当婴儿长到6个月大的时候，有关性发育的部分就暂停了，之后虽然孩子不断长大，但性成熟却还要等上10年，直到进入青春期，才开始二次性发育。

这显然是一个很特别的现象，因为对动物来说这是违背最大限度繁衍原则的，是一种浪费和耽误。

为什么唯独人类的童年特别漫长？为什么唯独人类的性发育不是连续的，中间有一个停顿时间？在这个停顿的阶段，人类究竟在干什么？

科学家研究认为，停顿意味着人类在这段时期要从事比"性发育"更重要的活动，这个活动就是学习。学习人类生存所需要的各种技能。

如果单纯和其它动物比奔跑、比尖牙利爪、比凶猛，那人类早就

成了猛兽的下饭菜。但因为人类会学习，有智慧，所以情况就完全相反了，凭借着大脑的聪明人主宰了地球，凶猛的动物们成了人类的下饭菜。

人类逐渐聪明、逐渐强大的一个重要原因就是我们花在学习上的时间越来越长，不断地进化使人类的童年不断地加长。原来，漫长的童年是造物主让人类用来学习的，童年是人类学习的季节。

我常常痛恨自己的表达能力，不知道该用怎样的语气去强调家庭教育的短暂性。

先从数字看，一般家庭的状况是孩子成长到 18 岁上大学，离开父母开始独立生活。这样看起来似乎有 18 年的时间让我们和孩子相处。

但是从心理和生理学角度看，孩子在 13 岁前后要进入青春期。青春期孩子最大的心理特点就是逆反，而逆反的主要对象就是父母。因此，家庭教育到了青春期也就到了困难期。所以，家教的事情都要赶在这之前完成。

下面这张图是日本心理学家做的关于"青少年对父母态度变化趋势"的调查图。从这张统计图里，我们可以知道，进入青少年期以后，父母亲在孩子心中的榜样作用将难以为继。进入这个阶段以后，家长不仅要有走下神坛的打算，而且还要有被认为"有很多缺点"的心理准备。

初中阶段往往是大人和孩子沟通上的"困难时期"。值得安慰的是，进入高中以后，随着孩子认识的成熟，他们又会逐渐客观地认识和评价自己的父母。

因此，在心理学家看

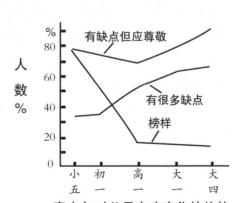

青少年对父母态度变化的趋势

（引自山本喜多司《儿童心理学图说》，北大路书局，1983 年版）

来，家庭教育的最适宜时机是在孩子 0 岁到青春期前，也就 10 年左右的光景。

把这 10 年再做进一步的细分，就得到如下图所示结论。

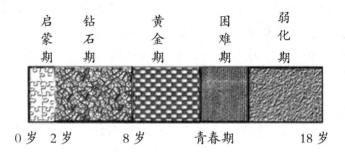

父母教育孩子的最关键、最重要、像钻石一样宝贵的时间是在孩子 2 岁到 8 岁间。这几年是重中之重的钻石期。8 岁到 13 岁时就应该进入检验家庭教育成果，只对孩子进行"微调"的收官阶段了。如果这时候孩子在各方面还没养成好习惯的话，事情多少就显得有点晚了。

孩子进入青春逆反期并不是一件坏事。青春期是人类自我意识萌发，从幼儿向成人转变的一个过渡期。青春期后孩子就该逐渐进入心志成熟的阶段。如果孩子到了青春期后他的自我意识还没有觉醒，还不能形成自己独立的情感和思想，那就如同婴儿过了 2 岁还不会走路一样。

孩子的成长就像是飞机的起飞一样，青春期前是他们在父母的引导下滑行的阶段，青春期后就是放飞的时节。如果到了放飞的年龄，孩子还不会飞，家长也不敢放，那就是教育不成功的表现了。

## 早教出大师

沈老师,我的小孩快要上小学了。想问一下,我们到底要不要给孩子早教?
家长

这还用问吗?都什么年代了?你应该抓紧这个机会和我讨论"怎样早教"的问题。
沈老师

可我觉得孩子上学后会很苦,早起晚睡,写不完的作业,很辛苦。一想到这些,我就不忍心抓他的学习,想拖一拖,让他过几天轻松日子。
家长

你这是事与愿违的做法!我给你看张图,孩子上小学就像攀一个高台子,早教是给孩子搭一个过渡的楼梯,不是增加负担。
沈老师

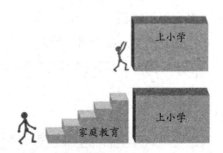

家长

可那么多家长都早教,也没见小学生们的负担变轻呀。

沈老师

这个问题你不能笼统地看,要从微观上仔细观察一个班级。一个班上,中等及以下的孩子,可能都感觉学习吃力,压力大。但那些优秀生的感觉就完全不同,他们会觉得作业还行,考试不算太难,学习给他们带来荣誉和自信。我认为早教的目的,就是把娃娃送入优秀生的行列里去。当然,这也要看家长的早教水平。

家长

可我也听一些人说,家长提前给孩子教小学的东西,会使孩子上学后不好好听老师讲课,这样反而不好。你怎么看?

沈老师

我观察深圳的小学生得出一个完全相反的结论,如果家长不及早训练孩子的学习能力,将很可能造成孩子上学后跟不上,进而发展到厌学,即"不早教,易落后。一落后,就厌学"。这个现象不仅中国有,美国也有。你看看微软老板比尔·盖茨的爸爸老盖茨写的关于家庭教育的书,你念念这段。

家长

"……现在你可以想象,一个没有接受过学前教育的孩子第一天上学校会感觉多么不适应,他的左边,一个小女孩正在流利地写着 ABC;他的另一边,一个男孩能准确说出现在的时间。而他,什么都没有准备好。因为他缺乏学前准备,于是,学校成了一个让他深感挫败的地方,他感觉自己受到了排斥,幼小的心灵在这里受到了伤害。当他回到家后,他的母亲问他今天在学校学到了什么,他会立即回答:'我讨厌学校。'我们不去猜测这个孩子的未来,因为一切已经不言自明。这个孩子从上学的第一天起就失去了自信……"

沈老师

这可是培养出哈佛生兼世界首富的父亲写的呀!实打实的美国经

验啊！这比某些天真的"专家"们，闭门造车的理论，要真实的多。况且，这还是好几十年前的情况，你一个 21 世纪的年轻家长，居然还在问要不要早教的问题。

哇！沈老师，情况有盖茨爸说的这么严重吗？不早教的美国孩子也会厌学？！这让我很震惊啊！这本书你得借我仔细读一读！

没问题！《盖茨是这样培养的》，作者老比尔·盖茨。退一步说，一个不接受早教的孩子，谁敢保证他就一定比别的学生更愿意听老师讲课？

我孩子幼儿园的老师就说了，国家不让幼儿教育小学化，她们是严格执行国家政策。可有些家长偏要提前教孩子那么多东西，这算不算是不听国家的话呢？

哈哈！应该算吧。这就像劳动法明确规定每天只能工作 8 小时一样，对当老板的人来说，这根本就没有意义。早教也一样，政府可以规定幼儿园不教，但这没法限制家长，总不能把家长抓起来吧。另外，如果你一辈子只想当个四平八稳的员工，当然可以严格按劳动法上班，但想当老板、高级白领、影视明星之类的，恐怕还得每天额外多干些才行吧。

沈老师讲笑了，谁会去抓早教的家长啊。哎呀！看来谁真相信孩子不用早教，谁可真就惨了！

真正"惨了"的是孩子。早教的意义，不只是让孩子能轻松应付功课，更重要的是，早教能发掘出孩子更大的潜能。我研究发现，早教出大师，大师都是被早教过的，没被早教的人很难成为大师

级的人物。

家长

"早教出大师"？你这么肯定？沈老师，如果你真把"怎样才能培养出大师"的问题搞清楚了，那你就不得了耶！等于是回答了著名的"钱学森之问"啊！

沈老师

我们平常所说的大师级人物都有哪些人？是不是主要指鲁迅、胡适、陈寅恪、钱学森、李四光、钱钟书、朱自清、梁启超、曾国藩、苏东坡等？

家长

我觉得这些人应该算大师了。难道这些人都被施了早教？

沈老师

我仔细研究过上述每个人儿时的教育，发现一个共通之处，就是家庭都有一定的文化基础，父母从小教育得早、抓得认真。除了思想启蒙外，从学习技能培养上看，都接受了严格的背诵、阅读、书写等方面的训练，这是高度统一的。

# 孩子在青春期的心理统合

埃里克森统合论要点介绍：

1. 自我统合

自我统合是一种个人自我一致的心理感受，其意义可解释为自我统合感，也称之同一性、自我认同感等。自我统合是青年期心理发展的中心主题。青年期开始后，人的生理和心理两方面都产生了很大的变化，这导致人开始从以下六个层面去思考关于"自我"的问题：

（1）我现在想要什么？

（2）我有何身体特征？

（3）父母对我有什么期待？

（4）以往成败经验如何？

（5）现在要面对什么问题？

（6）希望将来如何？

将此六个问题思考的结果统而合之，试图用来回答"我到底是怎样的人"与"我将做个怎样的人，该走向何方"这两大类问题。由此观之，自我统合乃是青年人自我了解与自我追寻的必经历程。

2. 统合形成

统合形成是指青年期在自我统合历程中所能达到的统合状态。我们可以想象，对缺乏生活经验的青年人来说，自我统合绝非易事；在大约 10 年的青年时期内，因为年龄、能力、经验、家庭背景等因素的不同，每个人将有不同的统合状态，但大致可以分为以下四种：

| 统合类型 | 状况描述 |
| --- | --- |
| 定向型统合 | 属于已经化解了发展危机，内心坚定而自信的。<br>如一直梦想当医生，且考入了医科名校，正踌躇满志，准备实现自己人生理想的高中毕业生。 |
| 未定型统合 | 属于发展危机尚未完全化解，仍在自我追寻的。<br>如一直梦想当医生，但没考上医学院，不得已选了财会专业的高中毕业生。内心矛盾、犹豫，但也可能喜欢上新专业。 |
| 迷失型统合 | 属于不仅发展危机没有化解，而且陷入迷惘中者。<br>如深圳一些先富起来的农家子弟中的"四不青年"：不上学，不工作，不经商，不务农。对未来没什么打算，生活空虚无聊，醉生梦死。 |
| 早闭型统合 | 属于自己无主见，且听话，任由父母安排一切的。<br>如平常都是父母安排生活，高考之后上什么学校、选什么专业全由家长包办代替的高中生。 |

### 3. 统合危机

统合危机也称自我统合危机，是指自我统合过程中，在心理上所产生的危机感。从上述四种统合结果来看，除了第一种定向型统合是最理想的状态外，其他三种都存在着统合危机。凡事都听从父母安排的早闭型统合青年，在心理上也许暂时比较安定，但他们依赖性强，缺乏自主性和自信心。而这些心理素质正是竞争社会里得以生存与发展的最重要条件。

所以，统合危机可说是现代青年必须经历的心理困境。统合问题解决不好，孩子就容易出现角色混乱的状态。所谓角色混乱就是指个人迷失发展方向，在生活中的所作所为与自己应有的角色不相符合，最后可能导致行为和心理的退缩，乃至堕落。

——参考张春兴《现代心理学》

## 学校是靠不住的?

家长

最近有个很大的问题困扰我。你说教育孩子究竟是学校的事，还是家庭的事?

沈老师

为什么会有这样一问?

家长

以前孩子在一所普通小学，我怕质量不好，就花很大代价转到名校去了。原以为我们可以省心了，但结果却是这名校对家长的要求特别多，布置的任务特别重，很多该老师教的东西，都成了家长的事情。这样一来，我们几乎要天天陪孩子学，反而更忙、更操心了。

本来想把教育孩子的事情托付给好学校，没想到事与愿违，反而更忙了？哈！哈！哈！有没有看过冯小刚拍的一部叫《集结号》的贺岁片？

看过。怎么了？这和教育孩子有关系吗？

这部片子和其他主旋律的片子有一个很大的不同点，按网友的话说，这部片子告诫我们"上级组织也是靠不住的"。

呵！真有你的，能得出这样一个结论。

你说网友总结得有道理吗？

也是，连长带兵苦守阵地，等着上级吹撤退号，但人都打光了还没等来团长的撤退号声。

我想借用这个故事说明，"教育孩子，不能完全依靠学校和老师"。

原来你是这么个意思！对家长们来说，学校可不真就是我们的上级组织么！

就像电影里的上级组织一样，学校和老师也想把事情办好，也不想让任何一个孩子落下。但现实却是心有余而力不足。

可是，沈老师，孩子大部分时间在学校，而老师们却把自己的责任推给家长，这种做法我很难接受。

但你站在老师的角度想一想，一个人每天要面对几十个学生，时

间和精力就像一壶水，平均洒在你孩子身上的那一点，自然没法和你"一把壶浇一棵苗"相比。除非你的关注和付出还不及老师的几十分之一。

但老师说的话，娃娃比较能听进去。

这说明，你跟孩子沟通的技巧和力道，还不如老师。其实，对老师言听计从的学生也是少数，很多时候，老师也是通过"找家长"的办法，来解决学生的问题。

这一点我体会最深。孩子大小有点事，老师马上告诉家长，让家长来管。你说孩子品行不端，让家长配合管还好说，就连上课不听、下课乱跑也要让我们家长管，现在的老师是不是有点过了？

现在的老师很难当啊，管学生历来需要师道尊严，宽严结合。但现在是说轻了娃娃们不听，说重了又怕出事，左右为难。这种情况下，有问题不找家长怎么办？如果家长再拿孩子没办法，教育就只能听天由命了。

## 除了短促性，还有宝贵性

20 世纪 70 年代，美国芝加哥大学的神经生物学家借助电子显微镜，对婴儿和成人的脑神经结构做了大量研究后，有了一个定量的突破性发现——婴儿在出生时，他们的脑神经里大约有 50 万亿个突触连接，这个数量只有成年人的 1/10。但是当孩子 3 岁时，这个数目却比大人多了近一倍，到了 100 万亿个。当孩子长到 14 岁左右的时候，这个数目就又和成人基本相同了。

　　为什么人的脑神经在刚出生的头十几年里，会经历这样一个过山车式的起落变化呢？这些神经变化对孩子的学习和教育意味着什么呢？科学家们是这样解释的：

　　孩子在出生之后不久，为了应对前所未有的环境变化，神经元突触连接就要迅速增加，以应付处理大量信息的需要。对应于这个阶段的孩子，他们的学习能力也是超强的，比如很快掌握了一门语言（母语），很快学会用筷子吃饭，很快融入周围的人文环境等等。这些事情对成年人来说，每一样都不是能轻松掌握的。

　　当过了一定的时间后，这些神经连接就要"用进废退"了（神经连接并不是越多越好）。经常用的会留下，并且变得更加粗壮；不用的就萎缩退化掉。这有点像山林里的路，游人多的时候踩出了很多不同的路径，但拜山的人减少以后，剩下的只能是那些经常有人走的路，其他的小路就又不见了。

　　对应学习和教育，就是人的很多技能都要尽量在小时候开始学习。一旦错过学习的最佳时机，大脑在这个领域没有形成经验（神经元突触连接），等神经发育稳定固化了再去学，就像骨骼长硬了再让孩子练体操一样，不是不可以，但要付出几倍于小时候的力气才行。像学外语、音乐、绘画及阅读能力、背诵能力、文字写作能力等等都是如此。

　　其实，这个现象在很久以前就已经被一些先贤们所发现。俄国作家列夫·托尔斯泰就说："从5岁的我到现在的我，中间只是一步的距离。而从新生儿到5岁之间，却是巨大到惊人的距离。"孔子说"少成若天性"，小时候学成的东西就像是天生就会的一样。他们表达的都是同样的意思。今天的科学研究不过是从解剖学上找到了证据而已。

　　再一次提醒家长：与成人相比，孩子是"一日千里"的变化。在家庭教育的钻石期和黄金期每耽误一天，长大后可能多花几十倍的付出，也不一定能达到同样的效果。

# 曾子墨考托福的故事

凤凰卫视主持人曾子墨在她的自传《墨迹》里，有一段关于她考托福的情节，很能说明这个问题。她说在大学生里有打麻将派和考托福派两种人。"麻将派"是不分昼夜场合地打麻将，而准备出国的"托福派"则是不分昼夜场合地学英语。她是这样描述后者的：

"托派"同学更是大有人在。他们的生活简单、自律，永远都是宿舍、食堂和教室三点一线。考 TOEFL、考 GRE 和联系美国研究生院的奖学金，就是他们大学生活的"三部曲"。在校园里，判断出哪位同学属于"托派"并不困难。走在路上，骑在车上，他们一定随身携带 Walkman，塞着耳机，对美音的英语广播百听不厌。即便听流行歌曲，他们也非 Michael Jackson 和 Madonna 们不选，生怕练习听力的时间会被耽误一分钟。而且，无论在食堂里排队打饭，还是在大教室里上政治思想课，不分时间、地点和场合，"托派"同学都能凝神入定，口中着了魔似的念念有词，不把一个单词重复几十遍，绝不罢休……

报名以后，像所有的"托派"成员一样，我从书店里抱回一堆有关托福的书，还给自己制订了周密的"60 天计划"。然而，一场突如其来的腮腺炎却让我一病不起，脸颊肿得像馒头。我饱受了高烧和疼痛的煎熬，等到终于痊愈可以开始复习时，计划中的 60 天只剩 30 天了。

……

因为复习时间有限，我无法大规模地背单词，或者铺天盖地地阅读英文刊物……十几年前，没有"新东方"，没有现成的套题、答案和各种"秘笈"，收集试题就如同今天的人们收藏古董。那段日子，我每天都静静躲在阅览室的一角，做两套收集来的托福试题，并且把听力部分一句一句听写下来。

跟那些废寝忘食的托派师哥师姐们相比,子墨下的功夫简直是不值一提。但最后的考试结果怎样呢?"那次考试,满分673分,我考了660分,这意味着我只做错了两三道题。"子墨的托福成绩是那一年北京市的第一名。

为什么会有这样巨大的反差?那些北大清华的尖子们使出吃奶的劲,居然考不过一个中学生?究竟是为什么?一是因为没有从小训练。子墨的父母亲一直希望她能够出国留学,所以从小就很注意抓她的英语学习。"初中开始,爸妈就为我请了英语家教……这一切都给我打下了良好的基础。"子墨练就的是童子功,自然技高一筹。

曾子墨考托福的年代也已经过去二十多年了,现在因为有更多的家长早早就关注孩子的英语学习,所以,这几年中学生托福考高分已经是家常便饭了。

## 两面派的沈老师

沈老师,我来这么多天,感觉您对家长完全像个"两面派"!

助理

你这是怎么说话的?没规矩!

沈老师

您别生气，我这么说是有原因的。您吧，给家长们讲话，特别喜欢鼓动人，什么"王侯将相宁有种乎"，"未来的总理、院士、企业家、艺术家不都是从各家的娃娃里走出来的吗？你怎么知道自己的孩子一定不行？"您老把家长们搞得热血沸腾。您好像特喜欢让每家都把孩子培养成什么伟人、大师之类的。

有什么不妥吗？难道我该建议家长们努力把孩子培养成窝囊废？

如果您一直是这个观点也行啊，可对有的家长，您又说什么"你们呀，要调整自己的期望值，孩子只要积极健康、勤劳友善就没问题。家长好高骛远，会让孩子压力太大，丧失勇气……"您说，同样是家长，为什么您用完全不同的观点？是因为师母这两天惹您生气了？

原来如此！看来你是学艺不精啊，你有没有观察到我两种说法的对象不同？

这我倒没注意。有什么不同？难道是男孩和女孩不同吗？

NO！现在是女性全面超越男性的时代，性别不是问题。

那是什么？

是年龄！年龄，是决定我们施教原则的最重要因素。面对一个健康婴儿，家长犹如在一张白纸上作画，理论上说，只要你有足够的水平，一切皆有可能。

对年幼孩子的家长，您就"忽悠"他们，让他们把孩子培养成伟人、大师？
助理

婴幼儿期的孩子，家长只要规划、设计好对孩子的教育，安排妥当相应的教育内容并坚持实施，则一切真有可能。所以，我见到小孩子的家长，忍不住就想激发和鼓动他们，让他们把教育的目标定得高远一些。遥想未来，在某位大师的回忆录里记有："当时我父母深受沈俊杰的影响，很小就规划了我的教育，并……"这是多让我欣慰的事啊！
沈老师

哈哈哈！沈老师您也想得太遥远了吧。到那时，您不知道会在哪儿？
助理

我在哪真不重要，重要的是人才能辈出。对已经过了青春期的年轻人，父母就不能再按自己的设想来强求孩子了。要转变观念，从"白纸作画"逐渐改为因势利导的"刻根雕"。更重要的是，这时候该放飞孩子了，让他们自己去体验胜败得失，从中获得真正属于自己的人生经验。再管太多，会把娃娃管死板了。
沈老师

画家变根雕艺术家了，您这比喻够绝！我看您的两个观点，对家长都是挑战。
助理

# 分清什么是教育的科学，什么是教育的艺术

## 教育的原则是科学，教育的手段是艺术

我经常说，教育一个孩子和管理一家企业是大同小异的事情。

想成为一个成功的企业管理者，就要先学习公司运行和发展的各种原理和规律。比如怎样建立质量管理体系、怎样建立研发机构、怎样做市场推广等。这些内容我们都可以称之为管理的科学部分。

除此之外，身为领导，还要学会和各色各样的员工打交道，不仅要能调动出属下的工作激情，还要会营造充满凝聚力的企业文化氛围。我把这部分能力称之为管理的艺术。

假如一个公司的总经理，连怎样组织产品开发、怎样建立财务制度、怎样做市场推广都不很清楚，那他就得先补上管理科学部分的知识。而一个哈佛 MBA 毕业的经理人，老是抱怨手下员工不听他的话，自己的好想法总是得不到落实，那我们只能说他不善与人沟通，在管理的艺术部分还欠火候。

家长教育孩子同样也是这样。该把孩子往哪个方向引导、该给孩子教些什么知识、该用什么步骤完成我们的教育计划等等，诸如此类，我们称之为教育的科学部分。家长和孩子沟通的能力、调动孩子积极性的能力、拿捏教育时机，以及营造家庭学习氛围的能力，我们称之为教育的艺术部分。

同样，如果家长对孩子的教育没有明确的方向、清晰的思路、严谨的安排，那就得先搞清家教科学部分的知识。

某个在教育上挺有想法的妈妈，却总是抱怨孩子不听话，管不住自己的娃娃，那这位妈妈就要在教育的艺术部分多做些思考，多学习了。

# 科学与艺术，有着截然不同的属性

硬要把教育分成"科学的部分"和"艺术的部分"，是不是为了显摆沈老师的学问大呢？当然不是。

区分科学与艺术的目的，是为了让大家梳理清家庭教育的两条脉络，使教育孩子的思路更加清晰。避免把家教的目的和方法搅成一锅八宝粥，分不出什么是原则，什么是手段。

科学的特点是规律性、严谨性和稳定性。所以，这部分最怕家长一会儿这样要求孩子，一会那样要求孩子；一阵左，一阵右；一时紧，一时松。这样很容易使家庭教育陷入盲目、混乱和矛盾之中。

教育的艺术说白了就是实现教育目的的技巧。艺术讲究的是灵活性、相对性和双向性。

唱歌是艺术，所以既不是声音越高越好，也不是越低越好；画画是艺术，所以既不是色彩越浓越好，也不是越淡越好；教育孩子也是艺术，所以，既不是越宽松越好，也不是越严厉越好。

也就是说，在方向和原则确立之后，实现教育目的的手法却要因人而异、因时而变、因势利导。一句话，要灵活、多变、有新意。为此，家长要做到三个"善于"：

善于把握教育孩子的时机；善于不断调整自己的角色；善于出奇制胜。也就是说，家长要学会见机行事。艺术最怕的是死板教条，最要不得的是"一根筋"，那会让孩子很痛苦，代价太大。

## 张瑞敏砸了几次冰箱？

张瑞敏进海尔冰箱厂时，已经是那一年里被派来的第四位厂长了，前三位都因为"搞不掂"而离开。他上台伊始就下决心要抓产品质量。

一次有人来买冰箱，结果挑了很多台都有毛病，最后勉强拉走一台。人走之后，张派人把库里的400多台冰箱检查了一遍，发现共有

76台存在各种各样的缺陷。他把职工们集中到院子里，问大家怎么办。

有人说，又不影响使用，便宜点儿处理给职工算了。这是以往的通常做法。当时一台冰箱的价格等于职工几个月的工资。张瑞敏说："我要是把这76台冰箱卖了，就等于允许你们明天再生产76台这样的冰箱。"

他宣布，这些冰箱要全部砸掉，谁干的谁来砸，并抡起大锤砸了第一下。工人们被新厂长的举动惊呆了！很多人在砸自己亲手产的冰箱时，都流下了眼泪。

经此一事，员工们"心灵触动"很大，张厂长借机开始实施严格的管理制度。

功夫不负有心人，3年后海尔捧回了冰箱行业的第一块国家质量金奖。"砸箱"之举，成了张瑞敏严格管理的代名词，为无数媒体、教科书所传颂。

后来怎么样？海尔从街道作坊到千亿产值的跨国公司，还砸过几次产品？一次也没有！那是他们的产品从此没有出过任何问题吗？当然不是，而是因为再靠砸冰箱这种方式来解决质量问题，就行不通了，大家就不当回事了。时过境迁，环境、对象都变了，不能刻舟求剑。

在家教界也有一个创造奇迹的人——周弘，他克服无数困难把聋哑女儿培养成了留美大学生。这位父亲也有一件被广为传颂的精彩事件，就是刚上学的残疾女儿因为无法听课，所以做作业的时候10道题错了9道。这位父亲克制住自己的悲痛，用兴高采烈的口吻夸孩子："婷婷你真了不起，居然做对一道。爸爸像你这么小的时候就连一道题都做不对。你真棒！"

此时此刻，父亲这样评价女儿是完全正确的。因为，看到别的孩子能听到老师的讲话，能明白老师的意思，而自己却只看到老师的嘴动，听不到一点声音，她的心情其实已经深深地跌入自卑的冰窟窿里了。在这种背景下，这位父亲忍住自己的悲伤，用积极开朗、不怕困难的阳光心态来带动和感染孩子，这个举动不仅伟大，而且高明。

但是，就像我们不能认为海尔是靠砸产品发展为跨国公司的一样，周婷婷最后能够参加正常孩子的高考，并考上重点大学，也绝不是靠她爸爸那一次或几次的表扬，就能"从此过上幸福生活"。

如果一个公司经理研究海尔经验，最后得出一个结论——要想公司的产品质量好，那就请让员工亲手砸了不合格产品——那真是再蠢不过了。

同样，如果家长们不去仔细研究周弘是怎样让又聋又哑的女儿学会认字、背课文、写作文，怎样解决英语听说的问题，怎样让孩子明白数学的一些抽象概念；不去深究周婷婷是怎样安排日常作息、怎样克服情绪波动、怎样训练集中注意力、怎样寻找学习乐趣的，而只是记住了——"做 10 道题错 9 道还要表扬"，并由此得出"想让孩子好就得不停地表扬"这样一个简单结论的话，那无疑就像那个只会模仿砸冰箱的经理一样。

## 原则要坚持，手段要灵活

举个例子来说明一下。要不要让孩子学钢琴，要不要让孩子背《论语》、学围棋、学武术等等，都取决于家长对该项目的认识与理解，取决于家长教育孩子的理念及对孩子未来的规划。这都属于教育科学的范畴。

一旦经过我们的认真思考，决定了要去学习掌握一个项目后，这就成了一个原则，就不能再轻易改变了。

一个学钢琴的孩子，在学习过程中遇到了困难，闹情绪不学了。这时候怎样使孩子克服眼前的困难，摆脱一时的消极情绪，坚持学下去，就是个教育艺术范畴的事情了。

有个口才了得的家长，对孩子晓之以理，动之以情，用摆事实、讲道理的办法硬是说服孩子愿意继续学了。

另外一个不善言辞的家长，用一通吓唬式惩罚，让孩子再也不敢提放弃的事了。也可以，总比轻易放弃好。

还有个家长，先是兴高采烈地谈论孩子以往光辉的学琴史，再是痛哭流涕地说自己失望的心情，最后搞得孩子不好意思放弃，只有硬着头皮继续学下去。也不失为一种办法。

教育的原则一定要坚持，否则孩子就会一事无成。而家长解决各种问题的手段一定要灵活，一定要花样百出，不然调动不了孩子。再好吃的菜天天给孩子吃他都会腻；再正确的话天天说也会让孩子烦。大人们都容易"审美疲劳"，何况孩子呢！

不论表扬，还是惩罚，其实都是我们实现教育目的的手段而已。千万不要把任何手段给神化了、固化了。小平同志说：不论白猫黑猫，逮住老鼠都是好猫。我说：不管白道黑道，只要让孩子上了轨道就是好道。

## 出其不意的父亲

我的一个同学从小学到中学成绩一直不错。上了高中正赶上思想解放的年代，年轻人们开始讲究穿牛仔裤，开始关心T恤衫上的图案和旅游鞋的样式。这个同学也不例外，为了让自己显得更时髦潇洒一些，他问家里要钱的次数也越来越多了。

同学的爸爸是个严肃刻板的人，自然很快就训斥儿子不把心思花在学习上，却追求那些不三不四的东西。为了阻止孩子把精力放在穿衣打扮上，爸爸干脆断了儿子的零花钱。这时候的儿子正处在青春期最叛逆的时候，父亲的做法不仅伤了孩子的自尊，而且激起了孩子很强的逆反行为。从此我这个同学每天天不亮离家，很晚回家，到家也不和爸妈说话，并且经常逃学，成绩一落千丈。眼看再过一年多就要高考，老师们都觉得非常惋惜。

有一天深夜，大概是四点钟左右，同学被他爸从睡梦里轻轻叫醒。父亲让儿子起床到外屋桌前坐下。这位同学以为老爸是气急了，这次要在夜里收拾他。于是半闭着眼睛，耷拉着脑袋准备挨打受骂。

但令他意外的是，爸爸先递来一个温热的毛巾，让他擦擦脸，清醒清醒，之后又端过一杯刚泡好的茶，说让他提提神。

从来都是很严肃，而且有点凶的爸爸，今天怎么这么温情？我的同学在疑惑中瞄了一眼父亲，父亲的脸上没有丝毫的"凶相"，反而充满前所未见的慈祥。

"最近我想了很久，觉得我对不住你。"爸爸用诚恳缓慢的语气开始说了，"年轻人看到别人穿这个穿那个，自己也想打扮一下这其实也没什么不对。我一是担心你把心思放在这方面会影响学习，二是家里经济条件也不允许。现在我想通了，家里虽然经济不宽裕，但给你买几件衣服的钱还是有的。如果我们现在因为舍不得钱而让你心里不高兴、不痛快，影响了你的学习，最后还造成考不上大学，耽误了你的一辈子，那我和你妈到死心里都会难受的。"

同学的父亲边说边拿出一个信封放在儿子的面前。"这是爸爸这个月的工资，你拿去买你想买的东西，如果不够再跟我说。但是千万不要因为钱的事情影响了你的心情和学习。爸爸以前有做得不对的地方，就请你原谅。"

我的这位同学被父亲的这番言语和举动惊呆了！瞠目结舌说不出一句话来。

接下来的时间里，爸爸就像对着一个老朋友一样，和儿子大谈自己小时候的穷苦家境，说可能就是因为从小穷惯了，所以养成花钱小气的毛病。工作后虽然工资不比别人少，但因为要照顾乡下的老人和拉扯几个孩子，所以总觉得钱不宽裕，干什么都很抠门。父亲说希望你不要有这样的体验。

那一夜，父亲句句说得推心置腹；那一夜，儿子听得心如刀割，泪如雨下。

从那以后，同学如脱胎换骨一般，最后考上重点大学。多少年后他仍对那个深夜记忆犹新。他分析说，按照当时他的那个拗劲，那种逆反心态，如果父亲采用惯常的打骂或是讲大道理的方式教育他，都只

会适得其反。没想到从来都很严厉、都只说我们错的父亲，突然反其
道而行之。"此举彻底击溃了我的心理防线，把我好不容易建立起来的
怨天尤人和受虐者的心态打得粉碎，我突然发现我错得有些离谱了。"

类似的出奇制胜例子还有两个，李开复说他很小的时候有一次偷
家里的钱去买玩具，东窗事发后他估计躲不掉爸妈的一顿打。但当意
识到儿子已经知道自己做错了后，开复先生的父母不仅没有打他，反
而告诫他以后"不要再让自己失望"。"不要再让自己失望"这句话
深深地种在了小开复的脑子里，让他终生难忘。相反，当初如果揍他
一顿，小开复的心理也许就变成了"我虽然错了，但你们也打了我，
大家扯平"。于是，反省很快就会变成心安理得。

还有个名人回忆说小时候父亲不在身边，母亲非常宠他，不论多
调皮从不打一巴掌。但有一次他伙同其他大孩子欺负一个来卖货的残
疾老头，妈妈知道后他遭受了人生的第一次痛打，那次被打之后他明
白了一个道理，"有些错误是绝对不能犯的"。从此他每做一件事情
都要在脑子里想一想"妈妈会怎么看"。

当我们确定了教育孩子的原则后，教育的成败就主要看家长艺术
水平的高低了。我反复强调，在坚持原则的前提下，手段一定要灵
活。具体说就是要注意因人而异、因时而变、因势利导。

要善于把握教育孩子的时机，比如孩子某次考试成绩差了，开始
反思自己的学习方法了，这就是一个很好的时机。这时候你如果有准
备地和孩子谈学习方法的问题，他一定很容易听进去；还要善于不断
调整自己的角色，不要老是一种态度对孩子。比如，在孩子垂头丧气
的时候要鼓舞孩子，不要让他养成唉声叹气的坏毛病；但在他得意忘
形、自以为是、不思进取的时候，就要泼些凉水，让他对自己有个清
醒的认识；还要善于出奇制胜，就像上面讲的三位家长。

# 农夫哭了！

从前有一个勤劳的农夫，他每天总是无怨无悔地遵照主人的安排去干活。

一天早上，农夫照例问主人："今天我该干些什么？"主人吩咐道："你去把那一公顷玉米地翻一翻吧！"农夫答应后就去了。到太阳快落山的时候，农夫回来说他已经全部翻完了。

第二天农夫又问主人今天的任务是什么。主人说："你从山上挖条渠到我们的地边吧，我想灌溉一下庄稼。"农夫二话没说就走了。在天黑的时候他回来说20公里长的水渠已经挖好了。

到了第三天早上，农夫又问主人今天要干什么。主人说："这两天你辛苦了！今天就干点轻松的事情，你去把仓库里的那堆土豆分拣一下，大的放左边，小的放右边。"农夫转身进了仓库。

但是，还没到中午，那个壮实的农夫就哭着从仓库里走了出来。大惊失色的主人忙问出了什么大事？农夫说："我都快要被这些土豆给弄疯了！您说说到底哪个算大的？哪个算小的？看在上帝的分上，您还是让我去挖地吧！"

对这个农夫来说，干再重的体力活都不怕，但就是别让他干动脑筋的事情，需要做判断的事情。

我接触的很多家长，在教育孩子的问题上也有和农夫类似的困惑。

在他们看来，如果专家告诉我教育就是夸奖孩子、赏识孩子，这就好办，我回去一个劲地表扬孩子，大大小小的事情只要孩子干，我们全家上下就用最夸张的语言表扬孩子，鼓励孩子。

专家如果告诉我，教育就是要严格要求孩子。那也好办，我回去就严格要求。我的眼睛始终盯着孩子，不论他干什么我都会指出他的错误和不足，并且让他按我的意思和方法来。只要我看到孩子就总是一刻不停地对他唠唠叨叨。

但是，你这个专家告诉我，有的时候家长要鼓励表扬孩子，而有

的时候家长还应该惩罚孩子；有些事情要让孩子独立自主地去干，而有些事情又不能放任孩子胡来，需要给他规则意识的约束。这就彻底把我弄糊涂了，"看在上帝的分上，您还是让我去挖地吧"！

# 家长要有前瞻性地引导孩子发展

## 家长无远虑，孩子有近忧

在我过去接待的家长中，多半是来问："我的孩子究竟是怎么了？该怎样帮孩子解决问题？"现在更多的家长是来讨论该怎样更好地安排孩子的教育。这和家长抓孩子的身体健康一样，平时不研究怎样锻炼身体，提高免疫力，等孩子病了，才忙着四处找医生。就我自己来说，更愿意给家长们当"健身教练""养身专家"，而不是头痛医头、脚痛医脚的"医生"。家庭教育的关键是，孩子的很多好习惯和能力，早抓就很简单、很容易；晚抓，就会很吃力、很困难。

教育的好坏往往不是以家长个体的感觉为标准的。比如，现在很多小学家长和中学家长抱怨孩子的学习负担太重，孩子的学习压力太大。但如果你把学生群体做个横向比较和研究，就会发现面对学校同样的要求，有些孩子学得就很轻松，而且往往还有很多业余爱好；有些则是全力以赴地努力，换个勉强应付的结果；而还有一些则完全跟不上趟。

所以，对于把孩子学习吃力的原因全归为课业负担过重的家长，我常会问一个问题："在你孩子的班上，有没有感觉学习很轻松的同学？"如果有，那家长就要对自己过去的教育，做必要的反思。

家长对孩子的教育，不仅要全面考虑，力求做到德智体美综合发展，而且，还要有预见性，能超前布局。比如，0～3岁时要为上幼儿园做好准备；在幼儿园时要为上小学打好基础；上小学的时候，要为孩子将入青春期上中学做足各方面的准备。整个青少年期的教育，又要为孩子一生的发展奠定好基础。

据深圳教育部门的统计，70%左右的中学生最大的心理问题就是学习压力大。换句话说，孩子到了"懂事"的年龄，他们都会意识到学习的重要性，都能感受到竞争的巨大压力。但如果等孩子到初高中了，才去抓学习能力的培养，往往会来不及。家长应该在孩子很小的时候，就有计划地培养他们的阅读、背诵、写作和计算能力，培养他们的心理抗压能力。

再有，进入青春期的孩子都有一定程度的逆反心态，这是一个特别重要的心理转型期。家长不能在之前对此一无所知，直到孩子出现这种状况的时候，大呼受不了，才明白是怎么回事。

上大学后，孩子会进入全新的自主状态，这对他们自律能力的要求是非常高的。不少大学生在失去爸妈直接监督后，就把大量的时间交给了网络游戏。即使是复旦大学这样优秀生云集的高校，学校也发通知不希望大一的学生买电脑。因为根据学校的统计，大部分学生在大部分时间里是把电脑当娱乐工具用。

诸如此类的问题，我们不能等孩子进了大学再抓；而是要早做考虑，早早解决孩子自律的问题。

孩子大学毕业后面临社会竞争的挑战，这时候对孩子心理素质和社会适应能力的要求最高。他们在这个阶段所承受的压力又与学校的情况完全不同。

同样，家长们不能等到娃娃们大学毕业了才考虑给他们进行相关心理素质的训练，而应该在孩子们心理素质形成的关键时期，对他们进行前瞻性的培养。

# 李嘉诚的高明之处

有记者问李嘉诚，为什么一般的企业很难做到长期高速发展，而李嘉诚旗下的公司却几十年来长期处于高速成长的状态，几乎碰不到发展的"天花板"。他经营管理的高明之处究竟在哪里？

对此，李嘉诚意味深长地回答说："其实是很简单的，我每天90%以上的时间不是用来想今天的事情，而是想明年、5年、10年后的事情。"熟悉李嘉诚的人介绍说："他平常看到各种报道，都会联想到自己公司的状况，之后找到那些松弛的部分，开会去改变。等他做好准备，逆境来的时候反而变成了机会。"

这就跟下围棋一样，一般人只盯着当前的一两步在下，而像李嘉诚、任正非这样的管理大师，则是在思考五六步之后的棋该怎么走。老板有高瞻远瞩的眼界，当别家公司还在为当前的一点得失喜怒不定时，他们的公司却未雨绸缪，向着更高、更大的目标奔去。

教育孩子也是一模一样的道理。孩子乃是长期处于快速成长和变化中，家长一定要花时间考虑孩子下一步的教育该怎么走，还有哪些方面做得不够，未来世界的新挑战在什么地方，怎样做好应对准备等等。只有这样，孩子才不会为一时的进步或失败所束缚，才能长期保持清醒的头脑、积极的精神。家长在教育上的超前思考和准备，是孩子可持续进步的根本保证。

2006年我在幼儿园讲课的时候，一般有两个题目，一个是针对小班家长，主要讲怎样培养孩子健康心理；另外一个是针对大班家长，讲怎样引导孩子学习。但听课时，经常有家长觉得自己的孩子还在小班，所以就不听关于大班孩子的课，他们的观点是"我的孩子还小，等上了大班再说"。我被这些大伙伴的短视惊呆了。

我希望我的这本书，能在"全面"和"超前"两个方面，对家长教育孩子起到积极的作用。

（本文部分文字引自《世界经理人》杂志）

## 什么时候送孩子出国比较好？

沈老师，我们单位里很多人把孩子送去加拿大、美国或欧洲读书，我们家最近也在讨论这个问题。但我儿子还小，才上三年级，所以想听听你关于这个问题的意见。究竟什么时候送孩子出去比较好一些？
家长

这个问题，第一要看孩子的年龄，太小了不行，同时要看是否已经养成良好的学习和生活习惯，自律能力太差，去了又没人监管，那就不能送出去。
沈老师

您说孩子太小不行，那几岁算小呢？而且，你看人家李开复，他爸妈很早就把他送去美国啦。如果不去美国，他肯定没现在的成就。
家长

对！但你要注意，首先，当时的小开复已经有良好的学习习惯和能力；其次，他妈妈还专门去美国陪读半年，他哥哥嫂子也给他提供了一个很好的教养环境，他的中文也有了一个不错的基础。我认为青春期前的孩子都太小，不适合单独出国，除非有家人陪伴并会管教孩子，否则就要慎重。
沈老师

依您的意思，等孩子过了青春期，已经有自我管理的能力，才可以送他们出去啦？
家长

沈老师
这只是个年龄因素。教育的最终目的是提升孩子们在未来社会的竞争力，一切安排应当服务于这个大目标。中国现在是世界第二大经济体，也是经济发展最快、机会最多的国家。如果家长的教育安排，让孩子对美国很熟悉对中国很陌生，那岂不是封住了孩子一半的发展空间，扬短而避长了吗？

家长
您说的这一点很有道理。我们单位里的人，现在把送孩子出国看成是一种时尚甚至是身份的象征。其实想想，现在外国人打破头来中国找机会，而我们却忽略在中国的优势，一门心思让孩子去国外，将来万一在外面站不住脚，回来后，除了外语没别的优势了。

沈老师
对孩子的教育安排不当，会让孩子在知识结构、人脉资源和经验积累方面丧失优势。搞不好会造成，在国外发展不如当地学生，回国又不如国内同学。

家长
照您的意思，是不是我们不用考虑让孩子出国了？

沈老师
那倒也不是，封闭是落后的开始。还是尽量让孩子有国际视野，有"通中外"的水平。

家长
那您到底认为什么时候送孩子出国比较好？

沈老师
这要根据各家情况，做具体的分析。拿你们家来说，孩子还小，你们两口子也不可能出国陪读，国外也无直亲，将来也不是非要在国外发展。所以，我建议先在国内最大限度地培养孩子的学习能力和心理素质，把中文学好，把中国文化和社会了解透。

您说到我心坎里了！学习能力与心理素质是孩子留学或不留学都要有的条件。作为中国人，先把中国了解清楚，先建立一个属于自己的"根据地"再说。

家长

至于时间，我认为到高中毕业，或者大学本科之后，再送孩子出国学习比较好。不是有人说，中国的基础教育是世界上最棒的吗？这样一来，他既有中国优势，也有国际视野和经验，如此安排，较利于孩子的发展。

沈老师

# 关于建立家庭教育目标体系的建议

## 使孩子成为既善于学习，又具备良好心理素质的人

家长教育孩子是一个主动施教、主动影响的过程。等待和观察肯定不算教育。对孩子没有想法，想法不清晰，没行动也不能算是教育。家庭教育孩子，应该有一个贯穿始终的清晰理念，并且这个理念最好还简单明了、切中要害，让孩子大人都能始终牢记。

"使孩子成为既善于学习，又具备良好心理素质的人"就是我给家长们的一个家庭教育核心原则。

家庭教育的一切安排都应该紧紧围绕着这个核心目标展开。

这个原则目标之下，就派生出了两个重点工作——自主学习能力的培养和健康心理的培养。

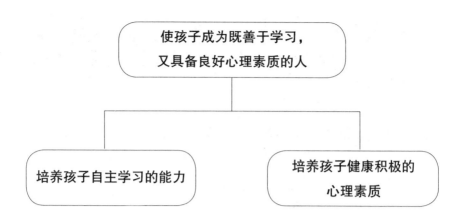

## 学习能力与心理素质是既矛盾又统一的关系

技能学习与心理素质的培养要你中有我，我中有你，互为目的，彼此促进。

心理学家维克多·弗兰克说："人活着的目的并非是不顾一切地使自己处于无焦虑的状态，而是为了一个自己选择的、有价值的目标去努力和奋斗。也就是找到一种使命感，建立起自己人生的志向。"罗兰说："正常的紧张是促进成功的力量，过度的紧张则是成功的阻碍。"他们的意思是，对孩子来说，承受一定的压力是正常的，甚至是有利于他们成长的。

家长在教育孩子的时候，要把技能学习与心理素质培养都设为目的，形成彼此促进的良性互激状态。在让孩子学技能的时候，不要忘了同时塑造孩子的性格；而在培养孩子心理素质时，一定要结合实实在在的具体项目，否则教育就会沦为无力的说教。比如让孩子学游泳，在练的时候同时也把训练孩子坚韧、拼搏的目标贯穿其中。为养成孩子积极主动的学习习惯，我们可以通过每天早上的背诵训练来达到目的。

只注重技能学习，不看重心理素质培养的教育，容易把娃娃培养成心理脆弱，不善与人沟通的书呆子；只看重心理健康不在乎学习具体技能的家长，又容易让自己的教育落空，或者使孩子变成夸夸其谈的人。

关于心理素质培养和学习能力培养的具体方法和内容，在书的后半部分会划分为心理、学习、艺术和身体四部分，逐项细谈。

# 连小狗都有一个生活目标

美国前副总统戈尔夫妇有俩孩子，在两个娃娃还小时，他们决定为孩子们养只小狗。小狗买回来后他们请专业的驯狗师先训练一下。在第一次训练前，驯狗师问夫妇二人："小狗的目标是什么？"夫妻俩面面相觑，不知如何作答，他们实在想不出狗还有什么生活目标，于是回答："一只小狗的目标？那当然就是当好一只狗了。"驯狗师很严肃地摇头说："每只小狗都必须有一个训练目标。"戈尔夫妇商量半天后，决定为小狗确立一个训练目标——白天和两个孩子玩，晚上能看家护院。驯狗师听后欣然称道。就这样，小狗最终被训练成一个白天很会陪孩子们玩，晚上还可以看家的可爱小犬。养狗都要有目标，何况孩子。所以，家长教养孩子一定要有一个目标、一个理想才好。

# "良好的心理素质"究竟指的是什么？

## 支撑"心理殿堂"的五根支柱

我们说家庭教育的核心大目标是"使孩子成为既善于学习，又具备良好心理素质的人"。那么究竟什么是"良好的心理素质"？

我把培养孩子独立自主意识、抗挫折能力、规则意识、审美意识和交往能力这五个方面，称为支撑孩子良好心理素质的五根支柱。这五个方面也是家长培养孩子良好心理素质的着力点。

## 心理素质的第一根支柱：独立自主的意识

讲这个话题我常常用蒙台梭利的一个儿童心理观察报告来做开场白。

在一家幼儿园的教室里，大大小小的孩子们围成一圈，正在观看教室中间一个水盆里放的玩具。

有个两岁半的小男孩，也很想挤进去看，但他力气太小，挤不进去。于是他站在圈外观察周围的环境。突然他的目光落在一张小椅子上，显然，他决定把椅子搬到这群孩子的后面，站在上面看。他开始向椅子走去，脸上露着得意的神情。就在这时候，有个叔叔突然走过来抱起他，并举过头顶说："小家伙！你也来看看。"

小男孩虽然看到了里面的玩具，可是他脸上闪现出的那种使我觉得非常美丽的积极、探索和期望的神情，一下子消失得无影无踪，剩下的只是一副被动、呆滞的表情。

每当念完这个故事，我就会问下面的家长一个问题，这个突然抱起小男孩的叔叔究竟妨碍了孩子的什么？他看似帮助孩子的行为，为什么反而让孩子呆滞被动了？（读者可以先沉思一下，再看下面的文字。）

心理学家是这样分析的：在大人的帮助下，虽然孩子最后看到了玩具，但他却没有机会体验到成就感。本来他可以通过自己的努力去克服障碍，从而获得自我实现的快乐。然而，这个机会却被这个自以为是的叔叔无意中剥夺了。

大人的有些"帮助"其实是毁掉了孩子的自主意识，而且这会推迟孩子感知世界的时间，甚至让孩子错过宝贵的发育敏感期，成了孩子智力和性格发展的障碍。所以，我常说家长过度地帮助孩子，反而会让孩子变笨。

**想要培养孩子独立自主的能力，第一要让孩子多实践。**

心理学家艾森克说："父母的过度保护会阻碍儿童自主性的发展。如果不允许孩子进行探索，不能获得个人的控制感和对外界施加影响的认识，儿童就总会处于一种羞怯和怀疑的情感里。"

我们说孩子不可能仅靠父母的口头教育和自己的思考就能获得经验。家长要多给孩子提供各种实践的机会，不要包办孩子的一切体力和脑力劳动。包办其实是减少了孩子接触世界的机会，应该让孩子养成"自己的事，自己负责，自己解决"的习惯。

**培养孩子自主能力的第二个要点是，要让孩子有选择的权利。**

我在深圳一家幼儿园经历过这样一件事情：很多小朋友在沙坑里玩沙子，其中有个小女孩的妈妈自己也下到沙坑里，手把手地教自己的孩子玩，而且一刻不停地在和孩子说话，"你要这样拿着铲子，对！……你要把沙子铲到漏斗里，好！……你这样拿着漏斗……"我观察这个小女孩，她的表情很被动，也不像其他孩子玩得那么尽兴。

后来我和这位妈妈交谈，问她为什么要这么做。她的回答代表了很多家长的心态，她说："我总是想，让孩子一开始就用正确的方法做事，希望她少走弯路，这样学东西更快一些。"我说："也就是你替孩子做选择喽！但你想过没有？孩子在做选择时需要思考、判断，

你的行为从本质上说，就是剥夺了孩子思考和判断的机会。你认为，是让她记住你教的每一样办法好呢，还是培养出孩子自己的判断力好？"

心理学家马斯洛研究认为"儿童最终必须自己为自己进行选择。大人不能经常为他选择，因为，如果经常这样做就会削弱他的自信心"。

所以，我提醒这些家长，不要用你的"聪明"搅乱孩子积累经验的过程，要遵循孩子自身的发展规律，让他们享受自己进步的快乐。

在这方面，家长要尽量少干的是越俎代庖式的帮助；要尽量多干的是给孩子提供各种思考判断的机会。

**培养孩子自主能力的第三个要点是，不要过度关注孩子。**

精神分析学派的心理学家阿德勒说："如果孩子无须努力，就受到重视，他一般就会认为这种重视是与生俱来的。因此，一旦他不再是被注意的中心，或者别人不以他的感受为主要目标，他就会若有所失、惊慌失措。他会觉得这个世界对他不公平。"这种现象在独生子女中已经表现得非常突出和广泛了。

面对舐犊情深的"421"家庭结构，爷爷奶奶、爸爸妈妈往往很难做到不去关注孩子的一举一动。但我在这里还是建议大家，为了孩子的健康成长，我们要以理性约束自己的感情，至少在表面上做到整个家庭不以孩子为中心。随着孩子年龄的增加，要把对孩子的"显形"关注，调整为对孩子的"隐形"关注。

大人们要学会含蓄地表达自己的爱。

# 让孩子学会忍受寂寞

（英）罗素

……

总之，可以发现，伟人们的特征之一就是平静安逸地生活，他们追求的快乐并不是那种外人看来兴奋激动的快乐。要相信不通过持之以恒的劳动，是不可能取得伟大成就的。这种劳动是如此的艰苦，如此的使人全神贯注，以至于人再没精力去参加那些更刺激的娱乐活动，唯一的例外是加入假日里恢复体力消除疲劳的活动。

忍受单调生活的能力，应该从儿童期就开始培养，现代的父母在这方面是有相当责任的。他们给孩子提供了过多消极的娱乐活动，诸如电影、戏剧、美味的食物等，他们没有认识到，让孩子过日复一日基本相同的生活的重要性。孩子们是需要快乐，但这种快乐主要应该由他们自己通过努力去获得，从自己生活的环境中去创造。

那种一方面令人兴奋，一方面又不需付出脑力和体力代价的快乐活动，应该尽量减少为好。从根本上而言，这种兴奋犹如毒品，兴奋越多，追求兴奋的欲望也就越强，但在兴奋期内，身体被动接受刺激的状态是违反了人的本性的。（作者注：我有个观察，从小让孩子不做任何努力，就能享受到各种好玩、好吃的东西，等这些娃娃长大一点，家长想训练他们学点东西的时候，就会发现一个很让人苦恼的问题，那就是无法调动孩子的学习积极性，他们对什么都不在乎。）

一个孩子就像一棵幼苗一样，让他不受干扰地在一块土地上生长才是最好的。太多的旅行，太多的形形色色的感觉印象，对孩子并没有好处，会使他们长大以后缺乏忍受寂寞生活的能力，而唯有寂寞才能使人有所创造。

总之，幸福的生活在很大程度上必定是一种宁静安逸的生活，因为只有在宁静的气氛中，真正的快乐幸福才能得以存在。
（注：伯特兰·罗素，英国著名哲学家、文学家，曾就读和任教于剑桥大学。1950年获得诺贝尔文学奖。被誉为"世纪智者"，20世纪声誉卓著、影响深远的思想家之一，其祖父在维多利亚女王时代曾两任首相。此文题目是作者加的。）

## 心理素质的第二根支柱：抗挫折能力

我在幼儿园讲课，常被老师们问到一个他们感到头痛的，也是我无法回答的问题，就是现在有些小朋友被老师一管，他们就会威胁老师说"如果你对我不好，我就叫我妈妈转学"。对这个问题，我的回答就是"你让家长们来听听我的课"。

这其实不是孩子的问题，这反映了背后大人的心态。现在很多家长唯恐自己的孩子受一点委屈，吃一点亏。父母普遍对孩子保护过度，孩子从小没吃过苦，没经历过挫折，这导致他们的情感过分细腻，心理变得非常脆弱。就像玻璃工艺品，看起来很好，但承受不了丝毫的压力和碰撞。

有小学老师对我说，现在对学生讲话必须很小心，想指出孩子存在的问题，必须要用特别委婉的方式，稍不注意就可能伤到孩子脆弱的自尊心。在中学，很多孩子因为觉得某个老师"批评过我""骂过我"，就对这门课失去兴趣，不愿意学了。

等这些看上去很漂亮的、玻璃工艺品式的孩子们上了大学，情况就更糟了。

举些例子，2006年3月，广州的一所全国重点大学，在10天内就有一个本科生和两个研究生自杀。北京大学2005年～2006年不到一年时间里，4个拥有不同学位的学生自杀。据广东省高校调查报告显示，有2%的大学生有自杀倾向。也就是说一个万人大学里，有200个大学生想自杀。广东省教育厅紧急出台政策要求每4000个大学生配备一个专职心理老师，主要目的就是防止学生自杀。但我们知道，大学生存在的问题是个果，种下这个因的时间却在幼儿园和小学。

反思我们近20年来对独生子女的教育，似乎家长在急切地想给孩子们自己小时候没有的东西，却忘记了给他们最基本的，也是最重要的生命教育、挫折教育。结果就是他们虽然学了很多知识，却经受不了丝毫的挫折。会因为一次不成功的考试、一次恋爱失败、一次老师的批评而结束自己的生命。对一个学校来说是2%，但对于一个家庭来说那却是百分之百不可承受的结果。

自杀是最严重的心理问题，而有一般心理问题的大学生是个更庞大的群体。这几年出现的"赖校族""啃老族"都是大学生畏缩、逃避心理的突出表现。

就像用冷热变化来锻炼孩子的抗病能力一样，父母也要从小注意提高孩子的心理免疫力，要在痛苦和失败中培养孩子承受挫折的能力。面对痛苦，不要首先想到抱怨或求助，要自己忍耐和克服。这样孩子就会慢慢形成一种坚韧的性格。

另外，父母大多低估了孩子的承受能力，他们往往觉得自己的孩子太弱小，无法独自克服遇到的困难。这种态度反过来又会使孩子认为，自己真的没有能力应对现实，造成我们心理学上所说的习得性无助。

当孩子面对困难和挫折时，考验的往往不仅是孩子的勇气，更是父母的勇气。有一位成功母亲的话很值得我们借鉴，她说："我之所以不娇惯孩子，是因为我心里想的不是孩子现在可怜不可怜，我想到的是将来，她大部分时间不在我的身边，如果我现在为她准备一个没有四季变化，只有春天的'温室环境'，那当她进入现实社会后，必定难以适应。到那时候我也无能为力了，她才会真的可怜。"

康熙的爸爸当年不知道该立哪个儿子为太子，左右为难的时候，大学者汤若望给了他一个简单的原则，就是谁出过天花就选谁。因为，出过天花而且活下来的孩子，比没出过天花的孩子生命更有保证一些。

我认为同样的道理也适用于孩子的心理方面。经历过挫折并且勇敢克服困难的孩子，才是未来最有竞争力的人。

# 教育部长的苦衷与盖茨的忠告

最近（2006年8月）教育部发了一个文，叫《关于进一步规范义务教育办学行为的若干意见》，其中关键的一条是"要求各地坚持不能采取各种形式的考试、考核、测试选拔学生，不能将各种竞赛成绩作为招生的依据。要严格控制学生在校考试次数，不得公布学生考试成绩，不得按考试成绩对学生进行排名"。路透社对此评论说："中国父母望子成龙和学校老师以考试成绩来评断学生的才能，这些都给中小学生造成很大的压力。校方公布学生成绩的做法，曾导致那些无法承受压力的学生患上忧郁症甚至自杀。"

自杀、抑郁症、心理问题、厌学等一系列的难题，困扰着我们的教育。怎么办？教育部长想到的办法是，以后再不要排名了，也尽量减少考试。拜托各位校长！少干些刺激孩子神经的事情！让孩子们平平安安地度过学校生活。用心不可谓不良苦！

然而我却由此产生两个大大的疑问。首先，上大学是不是也能不用统考排名的方法，大家一起进北大念书？其次，等这些孩子们进入社会之后又怎么面对激烈残酷的现实竞争？高考如果还要考，那之前的不排名，岂不是暂时让头在沙子里埋一会儿？时辰一到大家还得在考场上"厮杀"。更重要的是孩子将来怎样适应社会？行走江湖的大人们心里都该明白，成年人如果没有承受各种压力的能力，一天都活不下去。

我猜美国肯定也是遇到了同样的难题，因为比尔·盖茨这位地球上最有钱和最务实的家伙，在给美国年轻人的10条忠告的第8条里这样说："你所在的学校也许已经不再按分数排名，没了优等生和劣等生之分，但生活却并不如此。学校虽然已无'不及格'的概念，并且会不断地给你机会，然而现实生活完全不是这样。"在比尔眼里现实生活是怎样的呢？"生活本来就是不公平的，你要去适应它。"（在他眼里社会也不公平？！）可能怕娃娃们听不懂他的言外之意，盖茨又用更直白的话说道："这个世界并不会在意你的自尊，而是要求你在自我感觉良好之前先要有所成就。"真是振聋发聩、掷地有声。没错，这个世界对待我们的态度的确和爹妈对我们的态度太不一样了。

我曾跟一个教育局里负责学生心理健康的专家大谈学校在挫折教育方面的缺失。没想到他大叫一声："你当我不知道挫折教育的重要性啊！可是具体到每个校长、每个老师，谁都怕呀！学生一出事大家都承受不起，你有没有想到我们的难处？再说现在的家长大多不把挫折教育当回事，光让学校这么做，完全是吃力不讨好。"专家对我"实话实说"。由此我也能理解教育部长的苦衷，在学校自杀算学校的责任，长大后到社会上自杀，那就是社会造成的了。可悲的是，心理素质的培养有很强的时机性，小时候不抓，等长大了再改就很难了。

与学校不同，爹妈要从孩子一生的幸福来考虑问题。家长如果目光够远的话，就应该毫不犹豫地把挫折教育列为家庭教育的一个重要内容。敏感、娇嫩、脆弱都将无法适应现实的社会；坚韧、皮实、敦厚、大度、抗打击才是我们培养孩子心理素质的方向。与其迁就、呵护孩子那点可怜、脆弱的自尊心，不如下决心提高孩子的抗挫折能力。

# 比尔·盖茨给毕业生们的 10 条忠告

比尔·盖茨认为美国学校里让学生始终感觉良好的教育原则，培养出了一整代不知现实为何物的年轻人。在盖茨看来，学校里这种只求"政治正确"的教育方法，会让孩子们成为现实世界中的不适应者和失败者。所以，他在写给高中和大学毕业生的一本书里，罗列了 10 项学生们可能没在学校里搞清楚的事情。

1. 生活本来就是不公平的，你要去适应它。

2. 这个世界并不会很在意你的自尊，而是要求你在自我感觉良好之前先要有所成就。

3. 刚从学校毕业的你不能指望有很高的薪水，更不会一去就成为

那家公司的副总裁。

4.如果你认为学校里的老师对你太严，那么等你有了老板再回头比一比。

5.卖快餐并不会有损你的尊严。你的祖父母对这样的工作可能与你有着截然不同的理解，他们称它为机遇。

6.如果你陷入困境，那不是你父母的过错。不要将你应该承担的责任转嫁给他人，而要学着从中汲取教训。

7.在你出生之前，你的爸妈并不像现在这样乏味。他们之所以变成今天这个样子，是因为这些年一直在为你支付账单、给你洗衣服。所以，在抱怨父母之前，还是先去打扫一下你自己的屋子吧。

8.你所在的学校也许已经不再按分数排名，没了优等生和劣等生之分，但生活却并不如此。学校虽然已无"不及格"的概念，并且会不断地给你机会，然而现实生活完全不是这样。

9.走出学校后的生活就没了学期之分，也没有寒暑假之说。没几位老板愿意帮你发现自我，你必须靠自己的努力去完成。

10.善待你所厌恶的人吧，因为说不定哪一天你就要给这类人打工。

看完盖茨的这10条忠告，不由使我想起了《增广贤文》里的一句话："有钱道真语，无钱语不真"。这个世上最有钱的人，道出了美国学校教育的一些虚伪做法。

## 掐掐三人行——衡量家长爱孩子的标准是什么？

沈老师：你们两个一碰面就掐，有话好好说嘛！

爹妈教育孩子，这是多古老的事儿。有人类就有了吧？所以，滨滨妈，你不要总整些虚头巴脑的新名词来，把这个传统产业搞成个玄玄乎乎的事情，让没主见的家长们都犯糊涂。

平平爸

难道我说家长用心中的大爱，给孩子营造一个心灵自由成长的空间，用尊重和鼓励引领孩子的发展，这有错吗？请问，哪个地方虚头巴脑了？

滨滨妈

谁家爹妈不爱孩子？你周围的亲戚朋友，能找出一个不爱的吗？现在的孩子多金贵啊！我最烦有些专家，讲一小时，翻来覆去强调一句话——"家长一定要爱孩子"，这不废话吗？

平平爸

我把我先摘出来，我演讲从不强调这个问题。我是给爱孩子的父母讲怎样科学施爱，讲方法论的。

沈老师

再说了，不爱孩子的人谁会去听啊？我愿意跟你请教，是觉得你把教育当科学在研究，而很多人把这事当宗教在讲，没逻辑、不论证，只给结论，还不能怀疑。

平平爸

我承认大多数的父母都爱孩子。关键是当孩子犯错时，家长往往就表现得很急躁。他们不知道，这时候孩子更需要我们的爱，更需要我们用真爱来感化孩子。家长任何时候都绝对不能打骂孩子，那会给孩子造成心灵创伤。

滨滨妈

古今中外的名人，有几个没挨过父母骂和打的？你当孩子生下来都是小圣人？我有个朋友，孩子逃学去网吧，他们第一次发现后，不赶紧狠狠教训儿子，反而跑去投诉老师和网吧。我当时就说，你们这样会把孩子害惨的。果然，这孩子最后连高中都念不下去。

孩子做错了，家长还"用爱来感化孩子"，这不胡来吗？

滨滨妈
沈老师你觉得他这样说对吗？为什么我们不能给孩子好好讲道理，多检讨自己，多用爱的言行来感化孩子，非要打骂呢？真搞不懂这些家长是怎么想的。

沈老师
老子讲"以德报怨"。孔子反问：何以报德呀？孔子主张"以直报怨"。孩子表现不好，我们强调爱，那表现好的时候，又拿什么回应呢？爱是前提，在具体的态度上，要有清晰的差别，这样才能做到赏罚分明。二位都在强调自己才是真正爱孩子，这就牵扯到一个衡量父母爱孩子的标准问题。

平平爸
我觉得这标准很简单，就是孩子将来是不是有出息，是不是能过上好日子。要等孩子长大后，看他们是感激父母呢，还是埋怨父母。这是衡量家长"爱"的唯一标准。光嘴上说爱不能算！谁不会说呀？

滨滨妈
我觉得标准应该是，家长是不是足够尊重孩子，孩子是否有选择的自由和温暖宽松的生活环境。至于孩子将来是不是成功，这要顺其自然，家长不能打着为孩子将来好的借口，不顾一切地逼孩子、骂孩子、打孩子。

沈老师
一个着眼未来，一个看重当下。

平平爸
我发现一个规律，成功人士都喜欢感谢父母当年的严教。而你们什么时候听人说过，"感谢我爸妈，当初没让我弹钢琴、没让我背唐诗、没让我练英语……"你听谁这么说过吗？相反，小时候挨点揍的孩子，长大后心理素质更好，我就是这样的。

我最反感"棍棒底下出孝子""要让孩子受点苦"之类的说法。我们大人们该做的是建设一个充满爱的世界，要让家长爱孩子、老师爱学生、领导爱员工，让整个国家充满友爱和尊重。而不是人人提倡给孩子们搞什么"挫折训练"，等他们长大了又给其他人施加挫折。

滨滨妈

你的想法很伟大，让世界充满爱！这也是多少政治家和宗教家追求的理想，但现实世界大行其道的，却是竞争：国与国、地区与地区、公司与公司、个人与个人。竞争为我们造就了今天的繁荣世界，竞争也给人类带来了空前的压力。

沈老师

所以嘛！孩子很快长大，而你说的"充满爱的世界"，什么时候能建好？你说咱是按竞争法则教育孩子？还是用"满满的爱"教育孩子？你说说哪个更靠谱？

平平爸

你这样说我就不公平，我的意思是要多鼓励孩子、多欣赏孩子、多表扬孩子，不能随意责怪打骂孩子。

滨滨妈

你老低估别人的智商，哪家的爸妈吃饱了撑的，没事就打自己的孩子。现在的问题是，怎样才能把孩子教育好。为了他将来能过上好日子，现在该严的地方就得严。

平平爸

教育孩子存在两种风险，太严厉会造成孩子性格压抑，行为扭曲；太娇惯又容易造成行为失控、一事无成。家长的挑战就在于，既要把孩子教育成才，又要防止用力太狠，对孩子造成伤害。

沈老师

沈老师，我们两个的思想，您更倾向于谁呢？

滨滨妈

沈老师

在我看来，你们两个都像"极端分子"，一个认为只要好好说就能教育好；一个认为只要够严就没问题。都把问题想得太简单了。但非要让我选边站，我稍倾向平平爸。

滨滨妈

为什么呀？

沈老师

你的说法虽然显得更有道理，但据我的观察，用这种方法教育孩子的效果并不好，且有很大的副作用，就是教出的孩子往往太敏感，比较脆弱，对周围环境要求很高。相比而言，平平爸更现实一些，教出的孩子也更皮实一点。虽然他扬言对孩子很严，但我根本不担心他会严过头，毕竟是亲生的嘛！

## 心理素质的第三根支柱：规则意识

培养孩子心理素质的前两项，都是让孩子尽量"放开"的举措，不仅要让孩子独立自主，而且还要让他抗挫折，使孩子变得积极、坚韧、皮实。

但一味地强调放开是不行的，还要让孩子明白人类世界是个充满规则的社会。

有很多家长抱怨说孩子一过3岁就不那么听话了。我的同事有个3岁多的小男孩，每天精力旺盛、花样百出。一会儿学大人的样子要喝酒，一会儿又要自己给自己做饭吃，一会儿又要自己出去玩，坚决不让大人跟着。

有一天他提出要在床上骑他的童车，他爸爸说"床是我们睡觉的地方，怎么能在上面骑车呢？你要么下楼去骑，要么给我老老实实待着"。但小家伙很聪明，等爸爸妈妈上班，只剩奶奶的时候，他又提出这个要求，奶奶不答应，他就大哭大闹。奶奶没办法，只好答应。小捣蛋的目的达到了。

从心理学上看，3 岁左右的孩子开始进入心理发展的第一逆反期。这是人类寻找自我，寻求自主、自立的一种特有的心理现象。没有这种意识的觉醒，人就永远无法获得独立的人格，所以说孩子出现逆反是一件好事情。

但进入这个阶段后的一个副产品是，孩子开始"挑战"身边的各种规则，让干什么偏不干，不让干的偏要干。

家长必须用积极的心态看待孩子的这个变化。既要鼓励孩子的这种自主意识的觉醒，并且要巧妙利用孩子追求自立的欲望，同时也要制定行为规则，坚决制止孩子的一些无理要求，避免不良习惯与心理的养成。因为这个时候的孩子没有判断对与错的能力，放任可能会导致孩子行为的异化。

家长要像大禹治水一样，既不能任由洪水泛滥，让孩子为所欲为；也不要老想着怎么堵住水，不希望孩子有太多自己的想法，只要求孩子听话。正确的做法是修好渠道，给孩子制定好规矩，让孩子在规则内尽情发挥自己的能量。

再强调一遍，就是要从小培养孩子在遵守规则的前提下，最大限度地发挥自己的聪明才智。

## 小时候要严格，长大了要宽松

**英国哲学家、教育家约翰·洛克在他的《家庭教育》一书里强调：**

"凡是想让自己的孩子有教养的家长，都应该在孩子尽可能小的时候及早管教，让孩子服从父母正确的引导。如果你希望孩子长大以后还尊敬你、对你孝顺，你就要在他少不更事之时就树立家长的威信。等孩子长大了，就可以多和他交谈，彼此成为亲密的朋友。"因为孩子小的时候，"他还没有判断和处理事情的能力，正需要指导、规范；反之，等长大成人了，儿女有了自己的判断力了，再对他们实

施专断的措施就会适得其反。"

洛克还说："如果在孩子年幼时便加以严格管教，就能使他从小性情柔顺、尊重他人、谦逊讲理。等到孩子年龄渐长，自己的理智逐渐成长起来，能够明辨是非、慎重处事了，对他的管束应该逐步放松。""到了这时候，儿子就可以完全理解父亲以往对他的严格管束，也会自然地敬重父母，这是发自肺腑的。"

### 颜之推在《颜氏家训》里说：

普通人家应当在婴儿能看出大人脸色变化的时候，就对他进行教育。该让他做的事情，就一定让他去做；不能做的事，就一定不能干。从小这样要求，等孩子长大几岁就不用鞭子打才能让孩子听话了。作为父母，应当是既有威严又有仁爱的，这样，子女才会小心谨慎，并产生孝敬之心。当我看到一味袒护孩子的教育方式时，总是持不赞同的态度。这类人家的孩子，吃喝言行，都由着孩子的性子来。应当阻止的地方，反而夸奖他；应该训斥的时候，家长反而显得很高兴。要让这些孩子将来懂得道理，恐怕只有靠法律约束了。孩子一旦从小养成骄横傲慢的习惯，等大了你就是用鞭子打死他，他也不会害怕。他只会怨恨家长为什么不能始终如一地放纵自己……

（原文：凡庶纵不能尔，当及婴稚，识人颜色知人喜怒，便加教诲。使为则为，使止则止。比及数岁可省笞罚。父母威严而有慈则子女畏慎而生孝矣。吾见世间无教而有爱，每不能然；饮食运为，恣其所欲，宜诫翻奖，应诃反笑。志有识知，谓法当尔。骄慢已习，方复制之，捶挞至死而无威，忿怒日隆而增怨……）

### 司马光在他的《家范》里借用古人的话说：

当父母的总会说孩子还小，不懂事，等长大以后再教。这就像种树一样，小树长了旁枝，不赶紧修剪而要等到树长粗了再去砍，岂不要费更大的力气吗？这又像先打开鸟笼让鸟飞掉后再去费劲捉鸟回来一样；或者是把马放跑了又去追一样，为何当初不把局面控制住呢？
那样不是更省力气吗？孩子的坏习惯一旦形成，再要纠正就很困难了。

（原文：人之爱其子者多曰："儿幼，未有知耳，侯其长而教之。"
是犹养恶木之萌芽，日侯其合抱而伐之，其用力顾不多哉？又如开笼
放鸟而捕之，解缰放马而逐之，曷若勿纵勿解之为易也。）

## 我们到底要尊重小孩子的什么？
—— 记一位不能始终尊重孩子的妈妈

我们园以前有个留美的博士家长，那位妈妈特别强调要尊重孩子
的观念，给我留下很深的印象。

刘园长

你在深圳当了这么多年园长，应该遇到过一些特殊案例。那位博
士妈是研究教育的？

沈老师

她的专业不是教育，但她对教育孩子很有想法。当时她送儿子来
园的时候，反复跟我们强调，要尊重孩子，不要过多约束孩子。
她说美式教育，就是让孩子像小鸟一样自由飞翔，愉快成长。而
中式教育是给小鸟们套上绳子，设定很多限制，这样会约束孩子
心灵的自由，让孩子失去创造力。她说这就是中国出不了诺贝尔
奖科学家的主要原因。

刘园长

沈老师

比喻得倒是很形象，不过这种笼统的划分，我觉得……你接着说。

刘园长

这孩子在园时我也特别关注，经常到班里去看看。那时候对国外的教育思想很感兴趣，想借这个机会多了解一些。

沈老师

感觉与别的孩子有什么不同吗？

刘园长

总的来说孩子比较调皮。班上的老师说这个孩子不好管，他根本不怕老师，对其他小朋友还有点霸道。老师们跟博士沟通过几次，但妈妈总强调要对孩子有爱心、有耐心，强调要尊重孩子。对兴趣班也是孩子想去就去，不想去就立刻放弃。

沈老师

这孩子的创造力和活力，你感觉突出吗？

刘园长

活力当然是四射了！创造力没观察出来。但如果这孩子一直发展顺利的话，我可能真会改变以前的一些观念。

沈老师

后来这孩子发展得怎么样？

刘园长

刚上学的时候孩子很不适应小学生活。这也是可想而知的事，就我们园这么宽松的环境都觉得受约束，那进小学就可想而知了。到三年级的时候，这位妈妈哭着来找我谈孩子的事。

沈老师

哭着找你来谈！有这么严重吗？

刘园长

还没说上两句话，她就哭起来了，你说算不算吗？

为什么呢？孩子到底怎么了？

这孩子上小学后开始是上课不听、作业不做，后来迷上电脑，对打游戏很感兴趣。

这么小的孩子就迷在电脑游戏里，博士不管吗？

他妈妈的教育原则是尊重孩子的选择。她说，当初觉得这孩子对电脑感兴趣，就尊重他的兴趣，专门给他买了电脑，还希望儿子将来能成为盖茨式的电脑专家。

可没想到的是"软件、硬件、编程序，孩子一概没兴趣，唯一喜欢是游戏，电脑成了游戏机"。

完全是这样。你怎么知道的？你也认识她？

没有啦！类似情况遇到过很多。

到三年级下学期，孩子在班上的成绩到了最后一两名，觉得学习更没意思了。小家伙就跟他妈说，他不想上学了，要在家里专心玩电脑。这一下他妈妈急了，来问我该怎么办。你是专家，如果问你，你给人家怎么说？

还能怎么说？他妈妈的理念不就是尊重孩子吗？继续尊重就是了。让孩子在游戏方面去发展，运气好的话，将来可能会成网游专家，至少是一名网游比赛的选手。

刘园长

这怎么可能呀！才三年级，现在不上学那就叫辍学，家长就违法了。再说了，扫盲的任务还没完成呢，怎么可能去专门研究电脑游戏？爹妈都是高知，孩子却连小学都毕不了业，这也太说不过去了。他妈妈说孩子将来选择干什么都会尊重，唯独现在不上学，他们接受不了。

沈老师

又是一个尊重到一半就尊重不下去的家长。他们在教育上犯了方向性的错误。如果仍把尊重当教育，孩子的悲剧还要继续。进入青春期后，牛高马大的儿子很可能吃住在网吧，到时他们连拉都拉不出来了。

刘园长

你先别瞎联想，人家孩子还没到那一步。你先说说博士妈妈的方向性错误是什么？

沈老师

孩子是用来教育的，不是用来尊重的。家长完全没有弄清教育的内涵。比我们高明的人，我们才要尊重。面对三五岁的娃娃，除了人格之外，到底要尊重孩子的什么？思想？行为？还是情绪？具体要尊重什么呢？

刘园长

专家（大声）！难道我们不用尊重孩子的思想、行为、情绪吗？这话要是我说出去，明天就会被投诉、被撤职。

沈老师

小孩子的思想还在建立与完善中，大部分的事他们还想不清楚，面对每天古灵精怪的各种想法，你说老师该引导还是该尊重？同样，对孩子的幼稚行为，我们是以训练规范为主？还是尊重他们，想干什么就干什么？对于情绪，我们是要教他们学会表达、控制？还是任由其喜怒无常？

对孩子们好的思想、行为和情绪我们要尊重。对不好、不对的东西，我们要引导、教育和训练。正确答案应该是这样的，教授！

刘园长

有选择性地尊重，其实就不叫尊重，该叫训练或引导才对。孩子越小越谈不上尊重，越大越要尊重。成年定型了，哪怕是个罪犯，也有获得父母尊重和爱的权利。人生路漫漫，儿女有充足的时间，来供父母尊重。

沈老师

## 我们能够惩罚孩子吗?

讲到要培养孩子的规则意识，很多家长心里会冒出一句话："我们也想让孩子懂规矩啊！可问题是他不遵守怎么办？"这里就引出了一个敏感的话题，我们能够惩罚孩子吗？

我的回答是肯定的。我认为教育孩子要准备两手，一手是表扬，另一手就是惩罚。惩罚在教育里是必不可少的，古今中外数不清的伟人都受过父母或老师的惩罚。教育上的惩罚就像生理上的痛觉一样，是一种保护机制。医学上有一种病会使孩子丧失痛觉，得了这种病的孩子就变得非常危险，因为他受伤了不感到疼，所以，会经常在不知不觉中被割伤。

日常生活中从不受惩罚的孩子，他的行为举止往往就不知轻重，不计后果。

世界上只要牵涉到管理人的事情，比如管理国家、管理军队、管理企业，都要讲究赏罚分明、软硬兼施、刚柔并济，左右两手而且是两手都要硬。唯独在教育上，特别是家庭教育上，这几年一些所谓的专家们一味地强调要表扬、夸赞孩子，把教育的一种手段，慢慢地演变成教育的目的了。

我认为这种鸵鸟政策不仅解决不了孩子的问题，反而是造成孩子心理脆弱的一个主要原因。

我曾经问一位坚决反对惩罚孩子的妈妈："你怎样纠正孩子的错误？"她说："我会耐心地给他讲道理。"我问："孩子有没有不愿意听的时候？"她说："有！那我就不许他干别的，一直跟他讲，直到他承认错误。"我说其实这也是一种惩罚。在婚姻关系上，妻子长期对丈夫喋喋不休地唠叨、数落，被称之为"柔性精神暴力"。我借用这个词，把家长对孩子喋喋不休的唠叨叫"柔性精神惩罚"。这显然也是一种惩罚，但不是一种高明的惩罚，它的副作用更大。

有一次我刚讲到这，有个家长就说："沈老师，我也惩罚孩子。上次单位组织旅游，我儿子不听话到处乱跑，找不见，把大家的计划全打乱了。领导都不高兴了。我气得要命！回来以后狠狠地揍了他一顿。所以说我也是惩罚孩子的。"

我赶紧说："你千万别这么胡说，你所谓的惩罚跟我所说的这个惩罚，完全是两码事。"

我所说的惩罚是一种教育孩子的理性行为，绝不是那种情绪失控下的愤怒。

很多家长平时说话孩子不听，等孩子完全激怒自己以后，就狠狠地发泄一通。过后呢，又后悔自己的行为，反过来讨好孩子。孩子——开始以为自己犯了天大的错误，过后又猜自己应该是受了委屈才对，不然妈妈怎么又讨好我。出现这种状况，主要就是由于家长对惩罚的认识混乱造成的。

在惩罚孩子的问题上家长一般有两个疑问。一是惩罚会不会给孩子造成心理伤害？

大家注意到没有？军队是管理最严格的地方，但又是最不容易出现心理问题的地方。为什么？因为各种规章制度非常明了，该干什么，不该干什么每个人都知道。对了表扬，错了受罚，大家都心安理得。

所以说，制定规则并按规则惩罚孩子，就不会给孩子造成心理伤害。

实践证明讲规则的惩罚是孩子愿意接受的。我讲一个真实的故事。

有个 5 岁的男孩每次吃饭都是边吃边玩，特别拖拉，一顿饭往往吃一个多小时。他妈妈决定要纠正这个毛病。第一天晚上吃饭，妈妈在他的小饭桌上放了个闹钟，指着长针说，这根针走到这的时候我们就结束吃饭，记住啊！一定要在这之前抓紧吃完饭。妈妈给他限定了 20 分钟。孩子根本不把这个限制当回事，照样是边吃边玩。20 分钟一到，妈妈走过来就拿起他的碗，把剩下的半碗饭倒进厨房的垃圾桶。孩子一见马上大哭大闹，"我还没吃饱呢！你想饿死我吗？你不是我的好妈妈！"爷爷奶奶也出来劝妈妈：哎呀！孩子还小，等长大了自然就好了。这时候妈妈不为所动，而且很平静地告诉儿子："明天你一定要抓紧吃饭，今天晚上不能再吃东西了，明天早餐可以多吃一点。"说完以后就去忙自己的事情了。孩子闹了一会儿也觉得没意思，就不了了之了。到了第二天晚上，妈妈又把闹钟拿出来，限定了 20 分钟。这一次孩子从一开始就特别抵触，虽然爷爷奶奶在边上催，但孩子则是一边闹一边吃，不停地威胁妈妈"我要是吃不饱的话，我会得病的"。但时间一到，妈妈走过来又把剩饭倒进垃圾桶里。儿子又是一阵大闹，妈妈还是不理他。到第 3 天晚上，怎么样？小男孩早早地坐在桌子边上，等着妈妈拿闹钟，还问："妈妈开始了没有？"之后飞速地吃起来，不到 10 分钟就吃完了，妈妈马上表扬他，他自豪得不得了。实际上有技巧的惩罚会让孩子觉得跟玩游戏一样。

在惩罚孩子的问题上，家长的第二个疑问是怎样科学地惩罚孩子。

简单地说：一要制定清晰的规则；二要学会"爱并惩罚着"，是你触犯了规则，所以要受惩罚，我也很遗憾，希望你下次别再犯同样的错误；三要准备不同等级的惩罚，不要只用一种手段惩罚所有的错误；四是，小事靠惩罚，大事则要靠威慑。很多家长刚好弄反了，小事不管，闯了大祸了又暴跳如雷。那又有什么意义呢？

**培养孩子规则意识的目的，是为了让孩子从小养成在规则内发挥**

自己的习惯。

　　我们说社会是一个放大了的运动会，它的特点就是既有竞争，又讲规则。就像刘翔参加奥运会一样，既要遵守大会的各种条条框框，又要能够充分发挥自己的水平，赢得比赛。

　　最后我要说，能够积极接受惩罚的孩子，他的性格才会变得更坚韧。

# 美国有近一半的州允许老师惩罚学生

　　美国有接近一半的州，在法律上依然允许学校老师对学生实施体罚，体罚的最常见的方式竟是用木板打学生娃的屁股。据不完全统计，光在 2007 学年，美国就有 22 万 3190 名中小学生遭到体罚。被惩罚的学生一次被打屁股三到十多下不等，很多还是由校长亲自持板上阵的。打屁股的板子乃是专用的，讲究一点的学校还在上面刻着"省下了棍子，惯坏了孩子"的教育箴言。

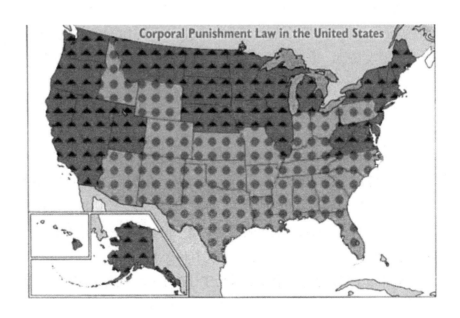

当然，美国是多元社会，自然有组织出来疾呼，要求政府尽早废除老师打学生的陋习，说这其实是黑奴制的延续或翻版，"这样对待我们的下一代，等于是告诉他们，我们并不尊重你们"。但我看这跟黑奴制关系不大。老师只是想给那些屡教不改的学生展示出一个底线，要再不听劝你可就要吃板子了。

前面的美国地图中，▲代表已经废除了体罚的州，●代表依然保留对学生体罚的州。

# 曾荫权兄弟俩的故事

香港特区第二任行政长官曾荫权的故乡在佛山九江镇的新基村，这个村在佛山算比较偏僻，相对而言也不富裕，但这个村里飞出的曾氏两兄弟竟都成了香港高官——哥哥曾荫权当过香港特区政府的财政司司长、政务司司长和特首；弟弟曾荫培曾担任特区政府的警务处处长。这对文武兄弟可以说做遍了香港最高的几个行政职务。于是乎，曾家"严父出高官"的说法在这里广为流行。

曾家两兄弟在接受香港媒体专访时，常常提及他们的父亲——曾云，并且总会不约而同地说起当警察的爸爸当年给他们的"藤条"教育。

哥哥曾荫权称，由于父亲要求特严，自己在童年时期，几乎每星期都要被父亲打一次。买错面包要被打，买到隔夜"宿"豆腐也要被打，累弟妹受伤更要被狠打……弟弟荫培亦不例外，有一次玩耍时，不小心让小弟弟撞破了头，回家后遭到"大刑伺候"，被父亲狠狠地揍了一顿。曾荫培说，这是他一生之中，被打得最厉害的一次，而这令曾荫培至今记忆犹新。

尽管这种"藤条"教育方式已为现代教育观念所不容，曾荫权也表示自己不会以体罚的方式教育儿子。但他还是认为，对于严格的家

教方式，他始终持赞成的态度。曾受到痛打的曾荫培不仅对父亲没有丝毫记恨，而且受爸爸的影响还更大些，不但继承其衣钵，做了30多年的警察，且勇而不莽，2001年1月还坐上香港警队最高职务的宝座——特区警务处处长，直到2003年功成身退。

谈到对父亲的感情，两兄弟都是既害怕又仰慕。两兄弟都认为，正是有父亲的严格家教，他们才会有做事认真、为人谨慎、性格坚毅的特点。而这些品质正是曾家两兄弟能够在特区政府各自独当一面、仕途平稳且平步青云的独门妙方。

——引自《南方都市报》

## 严格的家长就能教育好孩子吗?

沈老师，你好！

听了你的讲座，受益很多，同时也特想跟老师讨论一个一直困扰我的问题，希望听听您的看法。

这个事情得从头说起，我爸当年教育我哥，那是非常严格的，我哥每次考试成绩不好就会挨揍（可效果与广州狼爸的经历刚好相反）、老师告状会挨揍、在外面打架会挨揍。我记得我哥甚至被绑在树上打。但实话实说，在学习和工作各方面，与我这个受宠更多的妹妹比，哥哥反而没有优势。

就因为这个原因，我很早就坚信，教育孩子不能太严，太严不好。所以，等自己有了儿子，我就一直用宽松教育方式，怕重蹈我哥的覆辙。可这几年来（儿子快5岁了），我发现，儿子是越来越调皮，越来越难管了。现在，除了打游戏，没有一样能认认真真干的事情。比如阅读，我让他每天坚持读绘本，他根本不听，就是要玩游戏。

想跟沈老师说的是，面对我儿子，我感觉心理很矛盾，太严了怕他也变成他舅舅那样。太松了，又管不住，等于教育失控，将来肯定一事无成，生活还是很辛苦。我要真想管住孩子，就得打他。请问沈老师到底怎么看待家长打孩子这事，到底能不能打？怎么打才能趋利避害？

你好！

家长教育孩子，如同教练管运动员，老板管员工一样，能否做到令行禁止，有效管控，是关系教育成败的一个很重要因素。但同时我也想强调，若把教育的好坏，只归结为家长对孩子够不够严厉这一点上，显然也是低估了教育孩子的难度。

就拿你父亲来说，他老人家当初对你哥哥的教育，如果在思想志向的引领上，没什么安排，在计划制订方面，没有具体的指导，在习惯养成及坚持上，不懂细致帮助，在兴趣调动上，不知该怎么做，而只会"考差了打、告状了揍"，那就像一个老板管厂，只等看到出了废品，才跑去扣员工的工资一样了。

关于"打"孩子的事情，我想说的第一点是，对时机的把握要恰当，知道在什么时候用"打"的手段。令尊常在令兄考试失败后"打"，在我看来，一是太晚，二是没必要。应该在培养孩子学习习惯的过程中，当孩子的惰性作祟，坚持不住要放弃的节骨眼上，家长可考虑"上手段"，而且，上一次手段，就要管尽量长的一段时间。家长切忌经常用"打"。相反，考试分数是用来衡量孩子学习效果、修正家长教育方法的指标。

关于"打"孩子，我强调的第二点是，爹妈打孩子，齐根儿上说，是吓唬，是威胁。娃是爸妈的心头肉，说到底，你能拿他怎么样？家长"打孩子"的水平，其实就是你吓唬孩子的"表演水平"。演得逼真，气氛造的足，虽未动手，孩子已经信以为真，马上就范了。犹犹豫豫，演技差的家长，打了半天，孩子还以为你跟他在闹着玩呢。

当然，一些容易情绪失控，不知轻重，经常对孩子大打出手的家长，他们很快会发现，孩子挨打的耐受性，会以他们意想不到的速度在提升。接踵而至的效果是，爹妈越打，孩子越抗打；孩子越抗打，家长又得不断提高打击力度，于是，形成恶性循环。最终，把一场充满科学与艺术的家庭教育伦理片，活生生变成了一部家庭暴力武打连续剧。

关于"打"孩子，我想强调的第三点是，要根据孩子的年龄来变化使用。越小越可多使用（对小孩子本来也是小打小吓唬），越大就要越少用。具体来说，你家 5 岁的孩子，一年最多可打四次，一个季度有一次配额。随着年龄增大，按每年 25% 的速度递减。理想状况下，孩子进入 10 岁后，除非有极其必要的原因，否则，不宜再用"打"的手段。你可以扬言使用，或假装使用，以表达你对某些东西的重视或反对程度。

## 心理素质的第四根支柱：与人交往的能力

卡耐基有个著名的观点："对于一个成功的管理者来说，他所拥有的专业知识对他的事业所起的作用是 15%，而 85% 的作用是由他与人交往的能力来实现的。"

我对卡耐基这段话的理解是，如果你想成为一个管理者，你除了要拥有和别人一样多的专业知识外，还必须具备五六倍于专业知识的人际交往能力。只有这样你才能协调好各方的关系，成为某一群人的领头人物。

我们培养孩子与人交往的能力，从小处说是塑造孩子开朗的性格，从大处说就是培养孩子将来的领导才能。

当然，良好的交往能力是孩子在商业社会生存发展的一个基本条件。同样的才干，同样的时代，交往能力强的人就很容易成就一番自己的事业；而交往能力差的人则总有怀才不遇的抱怨。

**交往能力的本质是什么？**

一是交往的技巧；二是交往背后的人格品质。

短期交往主要依靠交往技巧；而长期交往主要依靠人格品质。

培养孩子的交往能力，首先要让孩子学会基本的交往礼貌；往低处说，我们即便做不了一个受人拥戴的人，至少也不要成为一个让人讨厌的人。

# 美国大学最看重的两个问题

曾子墨在她的《墨迹》里还详细谈了她出国前申请美国大学时遇到的各种问题。这些问题我认为对将来准备送孩子出国留学的家长有特别重要的指导意义。

子墨说，当年在申请美国大学时，每个学校寄来的申请表格都是厚厚的一摞，要回答的问题不仅千奇百怪，而且不计其数。但善于总结的子墨很快发现，有两类问题是在所有申请表格里共同拥有的。显然，这两类问题是美国各大学都关心、都看重的问题。

那么这两个令子墨"印象最深"的"交集"问题是什么呢？一个是申请者的领导经历；另外一个是申请者做义工的经历。在我看来，这两个问题的共通点是都需要和人打交道。换句话说，美国大学关注申请者一是愿不愿意和人打交道，二是善不善于和人打交道。

后来在美国生活了 6 年的曾子墨总结说："美国人很注重领导才能和领袖气质。总统、大企业 CEO 或者知名作家，无论什么样的名人应邀前往大学发表演讲时，必定会不厌其烦地说：你们是未来的领袖，你们拥有巨大的责任……"

她的母校达特茅斯大学，"在历史上就曾经邀请到罗斯福、艾森豪威尔和克林顿三位总统来做毕业典礼的演讲嘉宾。另外，接替杰克·韦尔奇担任美国通用电气CEO的伊梅尔特，作为达特茅斯第78届毕业生，也曾经在2004年回学校演讲。所有嘉宾都鼓励学生，说你们是国家的主人，要勇于承担领袖责任"。

"因此，是否具备领袖潜质成为美国大学最强调的录取标准之一。每所大学都要求申请人在填表时，把自己作为'领导者'的经历完整记录下来。"

当然，这里还有一个功利的想法，就是美国私立大学的很大一部分费用是来源于校友的捐助。所以，如果大学招进来的未来大人物越多，那他们回报母校的分量也绝不会轻。反之，如果招来的都是些"自了汉"，那不仅国家缺少栋梁之才，学校也会揭不开锅的。

在子墨申请出国的年代，北京还没有"义工"一说，所以她跑去问美国来的留学生Nancy "Community Service"是什么意思。Nancy告诉她，"美国社会强调社区自治，无论小孩子还是成年人，都认为做义工天经地义。这不仅是一种社会风气，还是学校教育很重要的组成部分。从孤儿院到医院，从流浪者救济中心到社区图书馆等公共场所，义工的身影无处不在。哪怕是上小学的孩子，也知道应该去老人院，给老人们念书讲故事。"

依我之心揣测，如果美国大学看重学生的领导才能，多少是为学校的名气和经费考虑的话，那看重"你做过义工没有"则主要想知道你是否是一个有责任感的人。你想，一个经常为陌生人提供帮助的人，会不帮助自己身边的人吗？而一个从不帮助他人，没有丝毫责任心的人，你能指望他将来帮助周边的人吗？肯定很难。

家长培养孩子与人交往的能力，从某种意义上说就是培养孩子接触社会的能力，培养孩子的社会责任感，培养他们的社会参与能力。因此，建议家长不要把孩子圈养在象牙塔里按"考试机"来培养，要让孩子从小成为社会参与者。

# 与博士妻子的对话

沈老师，你的"四步学习法"，比较形象生动，引导孩子学东西很实用。

家长

谢谢夸奖，你抓住了书中的核心东西。

沈老师

但是，在教育孩子的事情上，我内心一直有困惑，很想找个高人探讨一下。

家长

很愿意和你探讨教育孩子的事。

沈老师

在现实生活中，学习能力对一个人来说，并不是最重要的东西。如果只顾着抓孩子的学习，只看重考分，最终的效果可能会适得其反。

家长

如果学习能力不重要，那你认为现实生活中，什么最重要？

沈老师

也不是说学习不重要，但光会学习也不行。应该还要有些更重要的东西，但我又说不清到底是什么，这不才来找你嘛。

家长

能讲得更具体一些吗？

沈老师

**家长** 我直说吧，我老公是博士，从小学到大学都是班上的尖子。可来深圳这么多年，他的工作能力和应付社会的能力，并不是很强。与他本科和研究生的同学们比，他显得很一般了。从当初读书考试的能力上看，他应该是最好的两三个人之一。我老开他玩笑说，他是书读太多了，把脑子给学僵了。我不希望我儿子将来像他爸一样，虽然学习好，但工作和生活能力都一般。

**沈老师** 我理解你的意思是，从进入社会后的实际发展看，单纯应付功课和考试的能力，并不是最重要的，或者说，不是唯一重要的?

**家长** 对! 连大学都考不上肯定不行，但光会念书考试也不好。学习之外的东西，我该抓什么呢? 怎么让儿子比他爸更优秀?

**沈老师** 学校期间学习是主业，能考是老大，但进入社会后则不同，拼的是综合素质，还有机遇、背景等。

**家长** 当然不是和官二代、富二代比了。跟他差不多的同学，很多开公司、当高管，干得都很不错。

**沈老师** 怎么才能让你儿子更优秀? 我想，除了跟他爸一样善于学习外，还应该在三个方面多拓展:第一，提升孩子的人际交往能力;第二，扩充他的文史知识;第三，在艺术方面也要多学一点东西。

**家长** 麻烦详细解释一下。

**沈老师** 卡耐基不是说，成功主要得靠人际交往能力嘛，所以，不善于与人打交道，没有组织才干的人，学习再好，发展也容易受限。

家长

我老公是典型的"人际交往困难"，见了领导都没话说。这一点我在儿子这边已经注意了，我要让他多练嘴巴，能说会道，会来事才行。

沈老师

通过让孩子多参加体育活动、集体活动来锻炼他的组织能力。此外，专攻理科的人，容易不通人情世故，不接地气，不够风趣。因此，还要让孩子多读些文史方面的书，多读名人传记，以拓宽视野和情趣。

家长

但我还是希望儿子将来学理科，毕竟工作好找。学艺术究竟对孩子有什么好处？

沈老师

史上最有创造力的牛人——乔布斯说，他的成功是因为他站在了科学与艺术的交叉点上。只有当科学与艺术相结合，才能迸发出无穷的创造力，才有可能让孩子成为有创意的人才。

## 交往能力的关键是善于和自己不熟悉的人打交道

培养孩子交往能力的关键是让他善于和自己不熟悉，甚至是不喜欢的人打交道。擅长和自己喜欢的人打交道是一般人的正常状况，只有善于和那些与自己观点、性格不一致的人相处，才能培养出孩子领导者的风范。

所以还要多让孩子单独和外界交往，在交往中学会与人交流的分寸感和层次感，避免形成不是好人就是坏人的、非黑即白的交往习惯。

要有意识地让孩子在游戏和体育活动中学会和各种各样的人协作，要培养孩子包容、宽容的心态。

还要鼓励和指导孩子，与同龄的小朋友之间建立深厚的友谊关

系，让他学会同时接受别人的优点和不足。

培养孩子交往能力更重要的工作是要培养孩子诚实守信的品格，这是人格魅力的基础。这个观点既不是什么空洞的大道理，也不是道德说教，而是心理学家统计研究的结果。

美国心理学家安德森在研究了人际关系与人格品质间的关系后发现，最受人欢迎的前五个品质是真诚、诚实、理解、忠诚、真实；最令人讨厌的五个品质是说谎、装假、邪恶、冷酷、不老实。由此安德森得出结论，为人诚恳受人欢迎，虚伪令人厌恶。

## 心理素质的第五根支柱：审美意识

我有个观点，就是先富裕起来的深圳家庭，应该花更多的时间、精力，去培养孩子的审美意识。原因有三个。

第一，现在的孩子，在物质方面已经得到极大的满足，所以，他们会更关注精神层面的东西，更注重心灵方面的感受。这也是他们跟上一代之间的重要区别之一。那么要靠什么来满足他们的这种需要呢？要用艺术来滋润孩子的心灵，来陶冶孩子的性情，要培养他们对各类艺术的欣赏和理解的能力。这就是我所说的审美意识的培养。不要把它理解成只是弹钢琴、画画那么狭义。

我认为审美的范畴包括音乐、文学、科学、历史、体育、大自然等各个方面，要引导孩子去发现它们中的和谐之美、韵律之美、秩序之美、力量之美等，这样才能满足他们的精神需要。

要培养孩子审美意识的第二个原因是，没有健康审美观的孩子，往往会在精神上感到空虚和迷惘，在行为上无所事事，很容易为一些感官刺激的活动所吸引。在现代这个网络社会，你不可能让孩子不接触网络游戏，甚至是色情庸俗的东西。同样的接触，对那些有爱好、有追求、有思想的孩子来说，他们并不容易陷进去；而对那些没有什么爱好、追求和思想的孩子来说，他们就很容易沉溺其中不能自拔。

对此我有个比喻，这好比在一个落后省份的小镇上，晚上网吧里有两个年轻人都在玩游戏，其中一个是正徒步从北京走去拉萨的过路青年，他玩一会儿就要休息了，因为明天还要按计划赶路，还有更重要的事情要做。但另外一个本地青年根本没有任何想法和打算，即使是不打游戏也没什么事情可干，闲着也是闲着。所以，他很难不昏天黑地地陷在那个虚拟世界里。这就是看起来同样都在玩游戏，而有审美意识和理想的孩子与没有审美意识和理想的孩子，却有着深层次的本质上的不同。

孩子的好奇心很强，精力旺盛。父母不能只知道不让孩子干什么，却不知道除了应付功课，还应该让孩子再干些什么。防止孩子误入歧途，最根本的办法是用健康积极的审美意识，占据孩子思想的主导地位。这是治本之道。

要培养孩子审美意识的第三个原因是，对美的追求，很可能会成就孩子的一番事业。

有记者曾经问诺贝尔物理奖获得者崔崎："你二十多年如一日，每天埋头在实验室里工作，你不感到枯燥吗？"崔崎回答说："我的研究工作非常有趣，当你发现一些科学的规律时，你会觉得那很美，所以我从不感到枯燥。"

让孩子从小就感受到各种美，包括艺术的美、科学的美、经营管理的美时，他就很容易产生追求那种美的愿望。每个家长都希望自己的孩子能够有幸福的一生。但大家想过没有，什么样的人生才算得上是幸福的人生？只要钱多就幸福吗？有两句话也许可以给我们一些启发："当工作是一种乐趣时，生活就是一种享受。当工作是一种义务时，生活就是一种苦役。"想让孩子感觉自己是在享受人生，就要让他们能够在将来的工作和生活中找到乐趣，发现其中的美。

怎么培养孩子的审美意识？我用一个假设的场景来让大家思考这个问题。

有三个深圳家庭去大西北旅游，有一天安排大家去看沙漠和戈壁

滩，第一家的妈妈和孩子走下车一看，非常失望，妈妈说："这里都是沙子、石头，没什么好看，上车吧！赶紧回去找个地方吃饭。"第二家的妈妈一下车，就赶紧喊："儿子！快下来我给你照几张照片，回去给你们同学看看你到过戈壁滩。"照完相就回车里去了。第三家人下车后，妈妈对女儿说："这里真美啊！这种美是一种在城市里已经找不到的那种自然的旷野之美，面对这个一望无际的戈壁滩，我想起唐朝大诗人王维的两句诗。你能猜出来吗？"女儿想了想说："是'大漠孤烟直，长河落日圆'，还是，'劝君更尽一杯酒，西出阳关无故人'？"妈妈会心一笑说："嗯！心有灵犀！"母女俩都很快乐，都很享受这个时刻。

同样是面对一片沙漠，第三个妈妈就把孩子带入了一个更高的审美境界。让孩子领悟到大自然之美、文字之美、历史之美。父母对美的认识与追求会深深地影响孩子。

培养孩子审美意识的目的，就是为了让孩子能够享受人生。如果让孩子感觉"学习就为考试，工作就为挣钱"，那生活无疑就是服苦役了。

# 在集中营里看晚霞

著名犹太裔心理学家维克多·弗兰克是纳粹集中营的幸存者。他在经历了3年炼狱生活，在失去父母、妻子、兄弟后，从九死一生的比例中侥幸存活下来。在获得自由后，弗兰克仍然从事心理学的研究。他写的一本名叫《追寻生命的意义》（*MAN'S SEARCH FOR MEANING*）的书，记录和反思了集中营的生活和各种心理感受。

在这本书里，作者记述的这样一个场景给我留下很深的印象。

有一次，他们被押到巴伐利亚森林里去修建秘密工厂。弗兰克写道："这天晚上，我们精疲力竭，手里拿着汤碗，在棚屋的地上休息，这时，一位囚徒冲了进来，招呼我们去操场观看精彩的日落。

"站在外面，我们看见险恶的云在西边闪闪发光，整个天空布满了从铁红到血红、形状和颜色不断变化的云，荒凉的灰色泥屋提供了鲜明的对照，泥泞土地上的积水倒映着闪闪发光的天空。在沉默了几分钟之后，一位囚徒对另一位说，'世界多美啊！'"

我完全没有想到一群时刻受着死亡威胁、没有希望、没有明天的囚徒们却能够跑出棚屋，去静静欣赏晚霞。

弗兰克说，当"囚徒内心生活的欲望变得强烈时，他能够感受到他以前从未经历过的艺术和自然的美。在美的熏陶下，他有时候甚至忘记了所处环境的恐怖"。是的，"在美的熏陶下，他有时候甚至忘记了所处环境的恐怖"。

很遗憾的是，很多生活在自由环境下的人们，因为缺乏审美意识，长期使自己的内心处在"苦难"之中。真所谓"肉体是自由的，心灵却囚禁着"。

美学家朱光潜先生说："艺术是情趣的活动，艺术的生活也就是情趣丰富的生活。人可以分为两种，一种是情趣丰富的，对于许多事物都觉得有趣味，而且到处寻求享受这种趣味。一种是情趣干枯的，对于许多事物都觉得没有趣味，也不去寻求趣味，只终日拼命和蝇蛆在一块争温饱。后者是俗人，前者就是艺术家。情趣愈丰富，生活也愈美满，所谓人生的艺术化就是人生的情趣化。'觉得有趣味'就是欣赏。你是否知道生活，就看你对于许多事物能否欣赏。欣赏也就是'无所为而为的玩索'。在欣赏时，人和神仙一样自由，一样幸福。"

朱先生说："在阿尔卑斯山谷中有一条汽车路，两旁景物极美，路上插着一个标语牌劝告游人说：'慢慢走，欣赏啊！'许多人在这车如流水马如龙的世界过活，恰如在阿尔卑斯山谷乘汽车兜风，匆匆忙忙地急驰而过，无暇回首流连风景，于是这丰富华丽的世界便成为一个了无生趣的囚牢。这是一件多么可惋惜的事啊！"

家长应该告诉孩子，我们到这个世界上来是为欣赏美好的！慢慢走，一边学习，一边生活，一边欣赏。努力奋斗的时候不要忘记欣赏

生活之美。在欣赏和体验各种美的时候，当然，也不要放弃积极努力的信念。

谈完心理素质建设的五个支柱后，接下来我们说说两手抓的另外一手——如何培养孩子的学习能力？怎样把娃娃送入自主学习的轨道？

# 为什么一定要强调是"自主学习"？

## 到底什么是"自主学习"？

所谓的自主学习要满足三个要素：

第一，孩子学习的动力来源于其自身，也就是自己想学，不是被逼而学。**（想学）**

第二，孩子能够控制自己的学习行为，能根据自身的实际状况安排学习时间和内容，不劳大人事无巨细地安排。**（会学）**

第三，孩子愿意积极思考，想领悟理解所学的内容，而不是只想着给老师和家长应付差事。**（爱学）**

简单地说，孩子的学习有这样三个特征——想学、会学和爱学的时候，就是真正的自主学习。缺少其中任何一样，都不能算是真正的自主学习。

家长培养孩子学习能力的最终目标就是把孩子送上自主学习的轨道。

## 自主学习究竟有什么好处?

第一,它符合人类学习的心理。孔子曰:"不愤不启,不悱不发。"意思是学生没到想说、想问的状态,我是不会去启发和教他们的,因为对不在状态的学生来说,讲了也没有用。学习是一种心理状态,而不是指坐在书桌前的样子。教孩子学习就是教他们学会进入这种状态。

第二,它能减少孩子对外界环境的依赖。

第三,能够获得真正的智慧。只有通过自主学习的过程,才能让孩子获得真正的智慧。互联网及搜索引擎的出现,让人与人之间的竞争主要变成智慧和意志力的比拼。

第四,能造就孩子终生学习的能力。现代社会,不论学历高低只要他停止学习,就会被社会淘汰,所以,培养自学能力是保证孩子"可持续发展"的前提条件。

## 教的技巧与学的能力

为了让娃娃学好英语,我给换了几茬家教,但效果都不理想。沈老师有没这方面的人选推荐?
家长

我想先问问,你觉得什么样的老师是好老师? 判断标准是什么?
沈老师

我觉得吧,好老师就是讲课生动,能吸引孩子的注意力,让娃娃觉得好玩又爱学。好老师可不兴强迫孩子死记硬背。我以前看过一个老师上示范课,半小时内,老师就是和孩子们做游戏、疯玩。
家长

到最后，这些幼儿园的小朋友居然把头 head、手 hand、腿 leg 等一些五官单词都记住了，非常神奇！

**沈老师** 我也看到过类似的示范课，老师通过肢体游戏让孩子们很快掌握几个主要人体器官的单词发音，但也仅此而已。

**家长** 兴趣是最好的老师。这么大点儿的孩子，就对玩儿感兴趣，通过玩让孩子学习，是没有副作用的教育方法。我就怕硬逼这么小的孩子学，可能造成厌学。

**沈老师** 不错，兴趣是最好的老师，但是，怎样让孩子真正对所学的内容感兴趣，这可不是简单做个游戏就能解决的。真正的兴趣源于享受到成就感。我认为光会带着孩子玩游戏的老师还不算好老师。

**家长** 会玩游戏的老师居然不算好老师，请问沈大教授，依你的标准，什么样的老师才是好老师？

**沈老师** 听我慢慢道来。学习的主体是学生。对学生而言，学习是一种特殊的能力，也是进入一种特殊的状态中去。判断老师好坏的标准是，能否让学生尽早体验和进入这种学习状态中去，并不断提升学生的学习能力。在这方面做得好的，自然就是好老师。

**家长** 请问教授，学习究竟是一种什么状态呢？怎样才能让孩子进入你所谓的这种状态中？

**沈老师** 简单说，学习状态就是人专注于某个主题，去积极思维的过程。学习的本质要素有两点——记忆和思考。简单说，让孩子们善于记忆和思考的老师，就是好老师。为了提升孩子的记忆和思考能力，老师有两个努力的方向……

您请接着说！

家长

一个方向是，尽量把要记的内容简单化、图像化、故事化、卡通化，让孩子尽量容易地记住老师所教的内容。老师的教学目的是给孩子传递教学的内容。

沈老师

这很好啊！对儿童的教育不就该这样吗？这显然是个正确方向。

家长

任何事情都要一分为二地看，这种方式用得太多、太花哨，长此以往就会带来弊端。

沈老师

这会有什么弊端？让孩子在轻轻松松、高高兴兴的氛围中长知识，有什么不好？难道一定要先生板起脸，拿着戒尺打手才叫学习？

家长

它最大的害处是让孩子们越来越依赖外因，越来越挑剔形式，越来越浮躁，换句话说，离自个儿静下心来，心无旁骛、持续专注地进入学习状态，越远了。而纵观人一生的学习，大部分时间需要你用简单的方式（阅读书籍），自己进行深入的学习。

沈老师

哦！你的意思是那会削弱孩子自己获取知识的能力。有些道理！那你认为老师们另外的一个努力方向是？

家长

知识就像散落在大山里的宝藏，教育的主要任务是培养孩子将来找宝藏的能力，而不是把尽可能多的宝石，塞到孩子手上。老师和家长应该耐心训练孩子的记忆力和思考能力，扎扎实实培养他们背诵、阅读等学习基本功。而不只是用花哨的办法，把一点点

知识"快递"到孩子手里。当然，这个观点更适用于家长培养孩子用。

家长

你的意思是，我要培养孩子自己获得知识的能力，而不该过多依赖老师教学的水平？

沈老师

比方说英语，如果孩子得靠老师玩游戏、讲笑话、做鬼脸才能学，那随着学习内容越来越复杂抽象，你从哪儿去找会这些的老师？孩子还能有持续学习的动力吗？教与学是跷跷板的关系，你越强调教的技巧，无形中就越削弱孩子学的能力。我认为一定要盯着孩子本身，从培养习惯和能力上多下功夫，这样孩子越学越轻松、越自信。

## 怎样培养孩子自主学习的能力？

从家庭教育的角度看，家长最终让孩子拥有自主学习的习惯和能力，是一件非常美的事，但却绝不是一件容易的事。让孩子"想学"，这需要做很多思想建设方面的工作；让孩子"会学"，这需要诸多专项的训练；让孩子"爱学"，这需要长期的努力并获得一定的成就感。本书在接下来的部分，就是专门讨论怎样用"四步学习法"，培养孩子自主学习的能力。接下来的部分，也是本书的核心部分。

# 第二部分

## 掌握一套行之有效的教育方法

# 用"四步学习法"来教育孩子

## 一个家庭教育的核心方法——"四步学习法"

本书的第二部分可说是全书的华彩乐章，所以希望读者在看之前，先微闭双眼，调匀呼吸，祛除杂念，让自己变得宁静且专注……之后再细细品读。

为什么在谈到"四步学习法"时要如此郑重呢？到底什么是"四步学习法"？各位听我慢慢道来……

在对学习问题做深入研究的过程中，我发现有这样一个规律，就是任何一次成功的学习都要经历如下四个步骤，即，

> 第一步：确立目标，下定决心；
> 第二步：立个计划，勉强去做；
> 第三步：持之以恒，养成习惯；
> 第四步：得心应手，趣味盎然。

这是四步法的示意图：

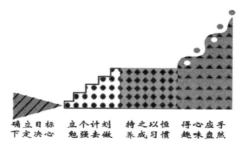

图中的"/"三角代表，经过认真思考之后，一旦我们确立了一个学习目标，那就要下定决心去干。所谓下定决心就是把意念集中在目标点上，全情投入地去做这件事。在整个的学习过程中，这一步是一个心理准备和凝聚力量的过程。不仅非常重要，而且是必不可少。

"●"的楼梯代表做事要先制订好详细科学的计划，之后就像踩着石阶登泰山一样，一步一步地吃力且努力地向目标迈进。这是一个把理想付诸实践的过程，是一个克服困难、勉强去做的过程。

"◆"部分想表达的意思是，刚刚勉强学会一项技能的时候，并不能代表我们真正掌握这项新学的技能。只有不断地重复"勉强学会的技能"，直到它成为一种靠潜意识控制的习惯，这才能说我们真正掌握它了。

可爱且飘逸的"▲"部分代表当你把某项技能练到了得心应手、游刃有余的地步后，你就会从中发现无穷的乐趣。再做这些事情，对你绝无负担可言，有的就是乐在其中，趣味盎然，欲罢不能。这就像画家作画、书法家写字、钢琴家弹琴、歌唱家唱歌、赛车手开车……

## 让我们从这些故事里领悟"四步学习法"

### 3岁的壮壮学用餐具的故事。

我有个亲戚的孩子，叫壮壮。可能是爷爷奶奶平时照顾得太周到，所以到了3岁上幼儿园还不会自己吃饭。每次吃饭，送到桌子上的比送到嘴里的多。因为这个问题，小家伙都不愿意上幼儿园了。老师也找家长谈话，强调要尽快解决孩子自己吃饭的问题。

现在课题来了，要让壮壮学会自己吃饭。注意了！用"四步学习法"来看，第一步"确立目标，下定决心"就具备了。因为再不下决心，孩子就要挨饿了。

紧接着，进入"四步法"的第二步，"立个计划，勉强去做"。

经过家庭会议的研究，决定要在一周内让壮壮学会用勺子吃饭，再用一个月的时间让他学会用筷子。家里特别请爷爷来担任宝宝的教练，每天手把手地教他。孩子进步很快，不到一星期已经可以拿勺子吃饭了。一个月后他基本就能用筷子了。第二步圆满完成。

大家商定，从今以后谁都不再给壮壮喂饭，让孩子养成自己吃饭

的习惯。这其实就是进入了"四步法"的第三步"持之以恒，养成习惯"。

通过持续地练习，把壮壮刚学会的这个技能，逐渐固化到潜意识里去，也就是变成习惯。

也许是家里特别培养的缘故吧，后来壮壮使筷子的水平特别高，你给他勺子都不要。原因是壮壮用筷子夹盘子里的红烧肉最快，只要大人稍不留神他就会夹一块塞到嘴里。这就进入了"四步法"的最后一步——"得心应手，趣味盎然"。

壮壮整个学用餐具的过程，遵循着"四步学习法"。

**4 岁的雯雯学弹钢琴的故事。**

我的一个朋友让他 4 岁的女儿雯雯学钢琴，也用了"四步学习法"。不过为了让孩子更好地做到第一步"确立目标，下定决心"，他根据孩子争强好胜的个性特点，来了个反其道而行之的激将法。

在那段时间里，他常领着宝贝女儿去其他会弹钢琴的孩子家里串门，而且每次都会当着自己孩子的面，反复夸奖那些学钢琴的孩子。

"你看人家佳佳，真厉害！钢琴弹得可真棒！""丽丽的爸妈好幸福呀！每天都可以听女儿弹钢琴。"雯雯是个要强得不得了的孩子，哪里能受得了爸爸总是夸奖别的小朋友？于是她也嚷着要学钢琴。爸爸觉得她的决心还不够大，就激她，说："学钢琴那是很辛苦的事情，你根本受不了那个苦，我看还是不学为好！"

小姑娘这下可不干喽！跟爸爸大哭大闹，说她爸爸瞧不起她。到了这个时候她爸爸才觉得火候差不多了，就松口说："我给你一天时间，你再认真考虑考虑，如果真想学钢琴，那就要下定决心，而且，一旦要学就不能反悔，必须坚持到底！否则……"

没想到女儿第二天一早就跑过来说："我想好啦！我要学钢琴，我不怕吃苦，我不会反悔。你提的条件我都答应。"

经过这么一番折腾，孩子学钢琴的决心就下得很扎实了。爸爸于是给她买钢琴、请老师，正式进入"立个计划，勉强去做"的阶段。

刚开始的时候，雯雯的学习兴趣很高。但慢慢地，当进入了钢琴学习的困难期，她也不爱学了，苦着个脸想放弃。

这时候我那个朋友就对女儿说："当初是你闹着要学，你还保证不反悔我们才花这么大的价钱买钢琴、请老师，现在你说不学就不学了？这绝对不行！"他坚决不允许女儿放弃。私下里，他又交代老婆要跟孩子扮演慈母，让妈妈哄着女儿说："不管怎样，我们先坚持过这一段再说。"之后又是"我们再坚持三个月看看"。

就这样，在爹妈的软硬兼施下，雯雯慢慢地就度过了最困难的一段学习期，并且逐渐适应了学钢琴的生活。

雯雯后来完全是喜欢上了弹钢琴，可以说达到了"得心应手，趣味盎然"的境界，而且因为钢琴弹得好而成了学校的一个小名人。学琴给她带来的不仅是出名，更重要的是让她拥有了自信。

### 5 岁的星星培养阅读习惯的故事。

有个快要上小学的小男孩叫星星，因为父母的教育观念很宽松，按他妈的说法就是"从小是在公园放养大的"，所以，眼看孩子就要上小学了，但一点都坐不住，几乎无法保持一刻钟的安宁。看到同事差不多大的孩子已经可以背唐诗念英文了，星星妈才开始有些着急了。

星星妈来找我商量该怎么办，我说千头万绪先从孩子的阅读能力抓起，慢慢提升孩子的定力，为孩子的小学生活做准备。

星星妈又问："用什么方法来培养他的阅读习惯呢？"我说当然是用"四步学习法"了！具体做法是这样的：

第一步，先"确立目标，下定决心"。我先给星星爸妈摆事实、讲道理，让他们充分认识到阅读对孩子的重要性和紧迫性，并且让他们每天安排时间去做这件事，不要"三天打鱼两天晒网"，不把这当回事。

第二步，"立个计划，勉强去做"。这是这件事情的关键所在。

根据星星当时的阅读能力和阅读兴趣，我们精心制订了一个书面的详细阅读计划，称为"星光阅读计划"。

"星光阅读计划"的内容包括阅读材料的选定，每天（平常时间和节假日区别对待）阅读时间和阅读量的规定，家长责任的落实，以及掌握给孩子领读的要领等等，包括很多细节的安排和准备。

计划制订好后，星星妈开始按计划行事，勉强去做。起初妈妈每次只给星星"指读"（大人握着孩子的右手食指，指着每个字阅读，简称"指读"。）8分钟的故事书，每天仅读三次。两个星期后每次再增加2分钟的阅读时间，每天还是三次。

这样慢慢且偷偷地增加"指读"时间，从13分钟、15到20分钟，半年后，星星在不知不觉中，就可以一次安静地"指读"40分钟。在这40分钟里孩子完全是安安静静，全神贯注。

经过近一年的努力，星星已经养成了很好的阅读习惯，并且在阅读过程中轻而易举地认识了几百个汉字。星星妈和星星爸高兴得不得了。

后来在星星读书入迷的时候，妈妈叫他吃饭，他都会跟妈妈急。这也算初步到达"得心应手，趣味盎然"的地步了。

在我看来，这又是一次完整而漂亮的用"四步法"学习的经历。

### 大人们学开车和学外语的故事。

大人学开车，也得遵循"四步法"。第一，先下要不要学开车的决心。一旦下了决心报了驾校的名，就进入了"勉强去做"的阶段。

刚开始学车的人，会觉得开车是天下第一难事。经过一段手忙脚乱的训练，绝大多数人都能学会开车。如果你从此天天开车，几年之后就又觉得开车是天下第一容易的事。

但是，假如有个孩子妈花了几个月的时间学车，但拿了驾照以后就几乎不再碰方向盘，过上一年多，当她再开车的时候，就会感觉精神紧张，动作僵硬，完全像一个从没开过车的人一样。为什么会是这样？

根本的原因就在于这位妈妈没有经历过"四步学习法"的第三关——"持之以恒，养成习惯"这一环节。换句话说就是，如果我们只是刚刚勉强学会一样技能，而没有把所学的技能练到靠潜意识支配的状态，没有练成一种下意识的习惯，那只要你停止训练，就会很快忘记这项技能，重新变成生手。

所有的技能只有经过反复地练习，也就是经历过"持之以恒，养成习惯"的环节，才能变成不用大脑思维，仅靠下意识的条件反射就可以控制的技能。

当然，当驾驶能力进入"得心应手"的状态后，人就会对驾车产生兴趣。到了这个阶段，如果很久不开车就会"手痒"，就想找机会享受驾驶的乐趣。

学英语也是同样的道理。

很多大学毕业没几年的人常常感叹，说自己大学时明明已经过了四六级，但离开学校没多久，就已经张不开嘴，听不懂多少了。不知道怎么忘得这么快！

究其原因，是我们没把英语练到"脱口而出"的境界。（所谓"脱口而出"从心理学看就是靠潜意识反应，而不是靠大脑慢慢思考、慢慢拼凑。）换句话说就是多少年后，你能记得的英语就是当初能够"脱口而出"的那些。

"四步学习法"的第三步就是强调，刚刚勉强学会一项技能的时候，还不能算你真正掌握了它。只有继续训练，把这种技能固化到潜意识里、下意识里，变成一种不需要大脑思考就能做到的习惯反应时，才算真正掌握了它。不论是学开车、学武术，还是学外语、学乐器，无不如此，概莫能外。

在这里我特别提醒各位家长教练，千万不要在孩子刚刚学会、勉强掌握一项技能的时候，就以为孩子已经学会了，就停止学习。这样做只会导致前功尽弃。

# "四步学习法"之由来

我在研究家庭教育和儿童学习方法的时候，一直想总结出一套既高屋建瓴，又简单扼要，且实际可行的方法来。怎奈虽"穷索冥搜，忘寝废食，如是有年"，仍未得到令人满意之文字表述。

一日，又读到李敖先生的一段话，这段文字是他写给友人的回信，原文是这样的：

"接张世民一片，我非常高兴他能过这种'壮志新来与昔殊'的蜕变生活，这种生活的历程可分四阶段：第一步是发大宏愿，第二步是勉强去做，第三步是养成习惯，第四步是兴味盎然。耿天台描写这种情形道：'此学须是发大愿心，真真切切肯求，便日进而不自知矣。盖只此肯求，便是道了，求得自己渐渐有些滋味，自我放歇不下，便是得了。'（1957年6月20日）"

读罢此文，我脑中灵光一现，这四步难道不就是一个学习的完整过程吗！由此，不也可以总结出引导孩子学习的四个步骤吗？于是就像李宗吾先生当年一样，不觉恍然大悟曰："得之矣！得之矣！"可以说这是"四步学习法"的发端。

自此之后，我就开始以"四步法"的眼光去重新审视各种学习的案例，各名人大师的学习心得体会，以及身边遇到的各色人的学习感受，最终发现以此"四步法"解之，皆能成立，屡试不爽。

程颐说在学问上"欲知得与不得，于心气上验之。思虑有得，心中悦豫，沛然有裕者，实得也"。意思是说当你真的弄明白一件事情，或搞清楚一个道理的时候，就会感到心中喜悦，气血充沛。以此标准来衡量，我自信是"真得了"。我用"四步学习法"指导和梳理各种家庭教育的问题，发现这就很容易让家长明白孩子的问题所在，以及找到解决问题的着力点。

当然，"四步学习法"的表述也是几经完善。从一开始的"认真思考，下定决心；克服困难，勉强去做；养成习惯，变潜意识；发现趣味，兴味盎然"，到后来改成"认真思考，下定决心；立个计划，勉强去做；养成习惯，变潜意识；发现乐趣，兴味盎然"，到现在的：**确立目标，下定决心；立个计划，勉强去做；持之以恒，养成习惯；得心应手，趣味盎然。**

其实不论修辞怎样调整，规律和方法是没有变的。

## 专业水平与业余水平的差别

最近我专门研究了各地的高考状元，哇！真是"不看不知道，一看吓一跳啊"。

家长

怎么了？什么东西把你给吓着啦？

沈老师

与我周边的孩子比，那些状元和北大保送生们，简直都不是人——是天才。你看这些介绍，普遍是文理兼备，业余爱好丰富，知识面广。回头看看自己和亲戚朋友的这些"熊孩子"，为应付中考，把所有的业余爱好停掉，为了高考，更是白天加黑夜地学，可效果还不咋样。状元们咋就这么厉害？学生之间的差距，咋就那么大呢？

家长

这个现象一点也不奇怪。你看体操、杂技、游泳、乐器、书画等方面的专业人士，与我们非专业的人相比，不也天差地别？优秀的软件工程师、医生、会计师、律师等，在各自的专业能力上，

沈老师

也是高出一般人很多。这就是"专业水平"与"业余水平"的差距。

家长

"专业水平"与"业余水平"的差距？难道学生们在学习上，最终也分化为"专业水平"和"业余水平"了？

沈老师

对啊！经过小学、中学12年的持续训练，学生之间在"学习能力"上，也分化成了"专业选手"和"业余选手"。很多体育和艺术项目，还不需10年，练过和没练过的，或者练好和没练好的，差距就拉很大了。

家长

游泳上我有体会，我游了几十年，就会一种姿势。我儿子参加游泳班，每周练三次，练了三年多，会各种泳姿，速度极快，真不得了。朋友儿子打羽毛球也这样。哎！你说说这"专业水平"和"业余水平"的本质区别是什么？练到什么程度，算"专业水平"？

沈老师

除了很多有硬指标的项目外，不好量化的，按我的"模糊评估法"，用五个字概括——"会、好、精、绝、化"。能达到"精于此道""有绝活""融会贯通已入化境"的，那肯定都属于专业水平了。

家长

孩子在学习上，怎么才能达到"专业水平"，成"学霸"级的人物？

沈老师

学习能力本质上就是记忆、阅读、写作、计算、领悟、联想等能力，以及专注、自律、自强等素质的综合表现。要提升和培养孩子的学习能力，就要在这些方面逐一下功夫。

108

哎呀！我们从小抓孩子的学习，就都围绕着"快完成今天的作业"和"要准备考试了"这两个中心在抓，很少去想这些分项的技能。孩子哪天能早早就写完作业，我就很高兴了。要我说真话，状元不是一般孩子能当的，他们肯定智力超常。不信你随便找个孩子教教看。
家长

状元肯定需要天赋与训练相加，但我认为，在学习方面达到"专业水准"，大多数孩子只要从小接受科学的训练，就都能做到。就像游泳，想要当全国冠军，那需要训练加天赋和机会。但想成为一个二三级运动员，只要科学训练，从小抓的话，普通孩子大部分都能做到。
沈老师

冠军和状元就免谈了！只要能达"专业水平"就很好了。你快说说，怎样能让孩子在学习上达到专业水平？
家长

与打球、下棋、弹琴一样，想达专业水平我认为要满足几个条件：一是得从小早抓，太大了就来不及了（艺术家、运动员尤其如此）；二是要目标明确，坚持不懈（要投入足够的时间和精力）；三是循序渐进，不断加码（专业水平就是要远超平均水平，所以要求太低了不行）；当然，最重要的是第四条，要有一个思路清晰，知道方法的好家长、好教练，就像你儿子游泳班的专业教练一样，抓孩子学习的能力，也有专业和非专业水准之分。
沈老师

你说得太快，我一下子记不住。但我感觉，最关键的还是要有个懂行的教练。自己都不知道学习是咋回事，怎么让孩子成学习上的专业选手？可去哪找个学习上的专业教练呢？
家长

家长自己得学，要让自己尽量成专业教练。再说，我的书整本都
沈老师

沈老师

是在教家长，怎样用科学的方法，把孩子培养成学习上的"专业选手"。你应该先沉下心来仔细读，有什么问题还可以通过微信联系指导嘛。

家长

让孩子在中学期间，先在学习上达到"专业水平"；经大学的深造，成为某个行当的专业人士；再在这个基础上努力，就可能成为专家。孩子成了某个行当的专家，那一辈子就不用愁了。

## "四步学习法"的第一大用途：让孩子掌握学习的规律

推荐把"四步学习法"作为家长日常教育孩子的一套方法，主要原因是它有三大用途。第一是"四步学习法"可以使孩子明白学习的规律。

让我用一个真实的例子来说清楚这个问题。

我有个有钱的朋友，他女儿刚刚 5 岁，看到别的小朋友学小提琴，她也闹着要学。但报名学了一段时间，新鲜劲一过，孩子没兴趣了，不想学了。

"孩子不想学就算了！老师也不容易，钱就不用退了，小提琴送别的小朋友。我的原则就是不给孩子任何压力。让孩子有个无忧无虑的快乐童年，这比什么都重要。我最反对一些家长逼孩子学这学那的。"我这位朋友向我阐述他的家教观念。

我于是向他提了两个问题。第一个问题：假如宝贝女儿上了小学后，她突然有一天对数学不感兴趣了，跑回家说"爸爸，算术不好玩，我不想学了。以后我打算只上语文课"，那你这个从来不给孩子压力的慈父怎么办呢？也说"不想学就算了，把算术书送人"吗？

第二个问题：你认为孩子的压力是来源于学习本身吗？换句话说，只要是让孩子学习就是给她压力吗？孩子不学习就没压力了吗？

我这位朋友想了半天，一时还不知道该怎么回答我的这两个问题。

现在我用"四步学习法"分析一下"学习与压力"的关系。

我认为学习本身并不会给孩子带来压力。因为，同样是学一样东西，对学会了的孩子而言，这一次的学习经历是一个让自己变充实、变自信的愉快过程。对没学会的孩子来说，这一次的学习经历才是让他感觉很失败、很难受、很没自信的事情。压力显然是因为没有很好地掌握而造成的。

举个例子，同一个孩子，学滑旱冰时虽然很辛苦，但因为最终学会了，所以还是感觉洋洋得意，不以为苦；但在学游泳时因为呛了几口水，就放弃学习，故在他的记忆里，学游泳很苦，再让他去学就排斥逃避，认为是一种压力。后来一旦学会又不认为游泳是压力，反而从中享受到成就感和自信。

用"四步学习法"来分析这种现象可以得出当孩子通过努力，真正掌握了一项技能，到达了"得心应手，趣味盎然"的地步时，这项学习对孩子而言，就是一个获得成就感，找到自信心的愉快过程。

相反，当孩子没能顺利掌握，无法达到熟能生巧、游刃有余的地步，压根没有体验到"得心应手，趣味盎然"的感觉时，那学习对他而言就是一个充满失败感的痛苦经历。这样的经历就会对孩子造成压力。

由此我们就可以得出这样一个结论："学会了，掌握了"还是"没学会，没掌握"，这才是决定孩子感受的根本原因。学习本身是中性的、无辜的，有本事学到了第四步，学习就是让孩子享受成就感、获得自信的功臣；没到第四步、半途而废了，学习就是让孩子感到压力、产生恐惧心理的罪魁祸首。

所以，家长减轻孩子学习压力的根本方法，是训练他们使其变得善于学习。擅长学习的孩子自然不会对学习有恐惧感，而让孩子少学习、不学习的做法，只能延迟或转嫁孩子的压力，丝毫不能减轻孩子

的学习压力。很多号称为减轻孩子负担而不让孩子学习的父母，最终发现，他们干了一件事与愿违的事。

而一个没能很好解决学习问题的孩子，是很难在学习方面体验到成就感的。孩子无成就感，则无自信可言，更不可能喜欢上学习。

要让孩子爱学习，一定要先培养他的学习能力，让他在这方面体验到成就感，获得自信，他自会喜欢这个"营生"。

## 让孩子尽快找到学习的规律，是家长抓教育的紧要任务

实践证明，所有类型的学习都有着共通的规律，即所谓"大道相通"。观察那些高中生你会发现，其中的优秀学生（也就是掌握了学习规律的学生），很多不仅成绩优异文理兼备，而且兴趣爱好也很丰富，知识面够宽，可以说是一通百通。

而那些始终没能掌握学习规律的学生，虽然把大部分时间精力都放在功课上，但成绩往往差强人意。对这些孩子而言，学校再怎么减负，他们也很难认为学习是一件轻松的事。

"四步学习法"揭示了学习的普遍规律。它告诉孩子们，想掌握任何一项技能，学会任何一样东西，都要经历"确立目标，下定决心；立个计划，勉强去做；持之以恒，养成习惯；得心应手，趣味盎然"这四个步骤。

可以说"四步学习法"给孩子提供了一个清晰的"成功学习路线图"。照这四步去学习，就对了。

家长在抓孩子的学习时，不能只关注孩子是否"记住了，写完了"，还要把精力放在让孩子体会学习的完整规律上来。

比如，让孩子背《三字经》、背《唐诗》，以及将来背英语、生物，都是一脉相承的记忆力训练。再比如，让娃娃学用勺子吃饭、用筷子夹菜、学涂鸦、学写字、学绘画、学书法……从学习的规律上

讲也都一样，都需先有决心，再立计划，再坚持，直到熟能生巧，得人夸奖，于是有了成就感，获得了自信心，尝到学习带来的甜头，愿意继续学。

# 赵锡成培养赵小兰姊妹的故事

赵锡成在我眼里是一位伟大的父亲，他教育子女的理念和经验值得每一位家长认真学习。

赵锡成原籍浙江，20世纪40年代从内地移居台湾，50年代移民美国。他和妻子一共生了6个女儿，其中的4个上了美国哈佛大学，另外两个也是名校出身。他的长女就是曾经的美国劳工部长——赵小兰。赵小兰是美国历史上第一个进入内阁的华裔，同时也是内阁中的第一位亚裔妇女。赵锡成的其他女儿也都很优秀，作为父亲的赵锡成在教育孩子方面很有一套。赵小兰在回忆他们当年的情况时说：刚到美国的时候她才11岁，家里还很穷，但是如果她们姊妹提出要学什么东西，参加什么兴趣班，她爸爸都很支持。赵爸爸认为"我们虽然俭省，但你们要学东西绝对不省，我借钱也要让你们学。只是，既然要学，就有责任把它学好"。在父亲的这个原则指导下，赵小兰会弹钢琴、会骑马、会打高尔夫球，样样都学得不错，他们家的孩子不仅功课好，而且多才多艺。在我看来，她们显然都是很好地掌握了学习规律的人。

我仔细研究过赵爸爸的教育方法，发现他教育孩子有一个核心的原则，就是要求孩子们"学什么、干什么都要尽你最大的努力"。也就是从小就要求孩子们，只要下决心去学一样东西，就必须全力以赴去做，不仅要学会，而且要精通你所学的东西。赵爸爸这样做的目的是什么？按他的话说就是：只有这样才能让孩子们"从中领悟到尽可能多的东西"。大家特别注意啊！赵爸爸想让孩子们领悟的"东西"是什么呢？就是学习的规律，也就是从不会到会的这个变化规律。

当孩子领悟和掌握了学习的规律和窍门之后，她们就会一通百通，学什么都很快，样样都行。而没有掌握这个规律的孩子，就是学什么东西都容易煮成个夹生饭。你说他会么？他不精通。不会吗？他又知道一些。没有一样能学到得心应手、游刃有余的境界。这样的结果就是学习始终不能给他们带来快乐，他们也始终害怕学习。

## "四步学习法"的第二大用途：塑造孩子的性格

曾经有个家长因为自己上一年级的孩子上课坐不住、厌学来找我咨询。仔细分析这个小男孩的教育过程，发现他的特别之处就是在上幼儿园的时候，妈妈给他报了很多的兴趣班，绘画、武术、音乐、象棋各个方面都有，但一样也没有坚持下来，多的学一两个月，少的学几星期甚至几天就放弃了。

我问为什么会这样，这位当医生的妈妈告诉我说："我看过一本美国哈佛大学教授写的叫《多元智力》的书，上面说每个人都有自己最擅长的一面，我让孩子尝试各种活动，目的就是想发现他的智力长处究竟在哪里，我孩子的优势是什么。

"另外，我认为孩子的学习一定要靠兴趣，如果孩子对所学的东西没了兴趣，而家长还逼着孩子学就不好了。我从来不勉强孩子学东西。"

请让我用"四步学习法"来分析这位妈妈和孩子的问题。

我对这个妈妈说，所有技能的学习，只有进入到第四步，"得心应手，趣味盎然"后才能产生真正的兴趣。在一开始的时候，比如孩子见别的小朋友学琴，她也想去试试的心态，那不是孩子对琴产生了兴趣，只是好奇心而已。

对孩子来说，看见新鲜玩意后的好奇心与得心应手地掌握某项技能后的兴趣相比，前者就像是沙堆上插着的竹竿，容易栽也容易倒；而后者则是长了几年的竹子。老远一看好像差不多，其实差很远，一个有根，一个没根。

开始学习一样东西的动力来源，好奇心应该只占10％，而90％要靠理性思考下的"下定决心"。这是人的主观能动性发挥作用的结果。

对家长来说，就是要从思想认识上明白，学一样新技能要先调动孩子的能动性。如果我们不调动孩子的主观能动性，仅靠他的一点好奇心去学习，那结果大多会因为遇到一点困难就草草放弃，以失败收场。

回头再看这位妈妈的教育方法：第一步，需要让孩子"下定决心"的时候，妈妈却让孩子抱着试一试的态度去学。第二步，要按计划"勉强去做"的时候，孩子却一遇到困难就放弃。妈妈也觉得这无所谓，认为这不是我孩子的长处所在。第三、第四步孩子根本就没机会体验。

我给这位医生妈妈说，孩子偶然的半途而废，问题还不是很严重，结果无非是掌握不了一项技能，或者是仍然找不到学习的规律，无法提高学习能力。但经常半途而废，干什么、学什么都是个虎头蛇尾，那就很容易让孩子养成一种学习上不用负责的习惯。这会毁掉孩子的学习性格，造成一遇困难就逃避就放弃的生活态度。

我们站在小家伙的立场想一想，他会认为："每次学东西，只要我不想学了，妈妈就让我不用去。这次送我去小学上课，时间一长我也没兴趣了，但这次妈妈却还是逼我去。为什么妈妈这次不尊重我，要逼我呢？"妈妈的"一反常态"，使孩子感到很困惑。问题的症结就在于，家长没有用一个始终如一的原则来要求和训练孩子。

## 孩子将来命运的好坏，主要是由其性格决定的

我们说孩子未来的命运好坏，主要由其性格决定，而性格其实就是做事的习惯。进一步说，孩子做事的习惯乃是由日常行为的原则决定的。

这些做事的原则和规范，追根溯源大都是从小由家长给定下的。孩子赤条条来到这个世界上的时候本是一张白纸，是父母在白纸上作画写诗的。

而"四步法"就非常适合家长拿来作为教育和引导孩子日常做事的一个指导原则。也就是要求孩子做任何事都以"四步法"为基本原则，这样让孩子慢慢养成一种有始有终的做事习惯，并使其逐渐变成孩子的性格特点。

换句话说，在从小教孩子用筷子、滑旱冰、学游泳、背唐诗、弹钢琴、念外语的过程中，要让他们一样一样地学扎实，并且体会到最终成功的喜悦。这样做的目的不仅是让他们掌握这些具体的内容，更重要的是通过这些项目的学习来塑造孩子的好性格。

家长在生活与学习的各个方面，都这样有计划地长期训练孩子，久而久之，就能塑造出孩子坚韧、高效和自信的学习型性格。

所以说，"四步学习法"第二个精妙之处是它能够帮助我们塑造孩子的学习型性格。

30年后世界上会冒出些什么新职业？现在的哪些职业将来会消失？都没人说得清。因此，除了一些艺术和体育方面的专才，绝大部分的家长，要在孩子的基本素质的训练和性格塑造上多做工作。

## 赖斯的成长经历

美国的前国务卿赖斯是平民出身的黑人女性，父母亲都是教会老师。她是证明"好的教育能改变命运"的一个最佳范例。

赖斯的父亲和赵小兰的父亲一样在教育孩子上花了很大的心思。赖斯和赵小兰有很多共同点，都是善于学习且多才多艺。

因为妈妈是音乐教师，所以，赖斯3岁起就学弹钢琴，4岁多已经能给小区里的人们表演，10岁被誉为"钢琴神童"，15岁考入音乐学院，17岁被评为"优秀大学生"。在这期间她不仅完成了中学课程，还学习了专业花样滑冰，学了法语和西班牙语，阅读很多课外书。

在赖斯 17 岁的时候，有一次她在参加全国钢琴比赛时发现一个 11 岁的男孩子看一遍乐谱就能把这支曲子完美地演奏下来，而这个曲子，赖斯认为自己也能弹出这么好的效果，但需要先练一年。由此她觉得自己可以当一名钢琴教师，但当不了超一流的钢琴家。于是她决定放弃钢琴专业，为自己找一个新的发展方向。她在大学里到处听课。有一次，她听了一个国际政治学的讲座，觉得自己应该去研究当时的东欧和苏联问题。从此 18 岁的小赖斯确定了自己的新专业。大家注意，在这之前，赖斯主攻音乐，对国际政治的了解很有限。但经过 8 年的努力，她完成了国际政治学从本科生到博士生的学业，并且学了一口流利的俄语。这时候她才 26 岁。之后她又被大学聘请为助教、副教授，直至成为斯坦福大学最年轻的国际政治学教授。同时，她的一些学术观点和理论引起了官方的注意，被聘请为老布什的苏联问题顾问，到小布什上台，她就从学者变成了政治家。

赖斯的经历告诉我们两个道理：第一，学习的规律是相通的，孩子一旦掌握了这个规律，那他学什么都不困难，即使是跨度很大的内容。第二就是，我们培养孩子不仅要培养孩子的学习能力，更重要的还要培养孩子的学习型性格。什么是学习型性格？当一个人遇到生活中的困难和问题时，他相信可以通过自己的努力和学习来解决，并且，只要是自己下决心要做的事情，就一定要做好的这种性格就是学习型性格。

赖斯 17 岁时放弃了当钢琴家的计划，十多年来的付出似乎都白费了。其实不然，父母在对她的教育过程中，并不是把她当弹钢琴的手艺人来对待，而是通过包括弹钢琴在内的各项技能的训练，把孩子的学习型性格塑造出来了。这种性格一旦成型，孩子再遇到困难和挑战就会通过自己的努力去克服，而不会胆怯畏缩、充满无助感，更不会怨天尤人。这样的孩子长大后不管干什么都会有出息。

我常说："一件事情能用四步法解决，那是一种能力；很多事情都用四步法解决，那就是一种性格。"

## "四步学习法"的第三大用途：使家长成为头脑清醒的教练

四步法的第三个精妙之处是能够让家长成为一名头脑清醒的教练。

有一件事我一直印象很深。超女比赛正火的那一年，我见到一位听过我报告的家长，她见面就说："沈老师，我太崇拜你了。"

大庭广众之下，虽然我心里感觉很好，但嘴上还只能打哈哈。过后我旁敲侧击地问她，究竟是什么让她产生了"崇拜心理"。

这位6岁男孩的妈妈说，她在听我的"四步学习法"报告的时候，恰好她儿子正在学打鼓。刚开始的时候孩子还很愿意学，她也给孩子找了一个鼓在家练。但学了一阵，难度稍提高一点后儿子就不想学了。她想不学就不学吧，反正学了也没什么用。

但正好当天听了我的报告，觉得这样轻易放弃对孩子不好。于是她又耐心地劝孩子继续学，她说她清楚地记得"勉强去做"这句话。后来在她的软硬兼施下孩子坚持每天都练，最后终于有了突破性的进展，鼓打得非常好。孩子还经常在其他小朋友面前露上两手，小家伙的神情也变得非常自信。

"所以，我这个当妈妈的觉得自己的教育方法奏效了，再加上看到孩子打鼓时这种专注、自信、享受的样子，我感到特别地欣慰。于是饮水思源，觉得沈老师你太有才了。哈！哈！哈！"

后来还有善于总结的家长对我说："以前想让孩子学东西我没什么章法。孩子如果坚持不住要放弃，我就觉得孩子是做事没有恒心，数落一顿就完了。自打学习了你这个'四步法'以后，要让孩子学一样东西，第一步，先要怎么样；第二步，再要怎么样；第三步、第四步，还要怎么样，我脑子里都很清楚了。孩子在各个阶段可能会出现什么问题，我也是事先有一个客观的估计，能做到心中有数，这样当孩子的问题一出现，我应对的手段早就准备好了，不会像以前那样，只是对孩子的一些行为感到失望，而缺乏相应的对策。"

# 学习与爬山有同样的规律

我经常给人打比方说，跟学习最相似的是登山。

首先，登山和学习都需要在事前做好充分的准备，并且要下定决心去干。这是不可少的第一步。紧接着就是订个计划，克服困难，勉强去做（去爬），这是第二步。在学习和爬山开始后不久，免不了都会出现一段"感觉特别困难的时期"。（这是所谓的"高原期"，如果你练长跑的话，就能够很清晰地感受到这个阶段。）当我们咬紧牙关，熬过这一段困难期后，就会感觉轻松一些。如果不是下决心要爬山的人，仅仅是抱着"试一试"的心态来玩的，那他们走到这儿的时候就会放弃，就会因为这时候"身上已经出汗了"，所以要赶紧回家冲凉去了。

选择继续前进的人，再往前走，疲乏和退缩感就会向我们袭来。当初那点摩拳擦掌、跃跃欲试的积极性，会被单调枯燥的行动慢慢销蚀掉。这时候，我们开始面对学习和登山的最大难题——"能否坚持下去？"于是进入学习的第三个阶段，"持之以恒，养成习惯"。

各位不能怀疑这样一个事实，即"没有恒心"是阻碍每个人进步的一头"怪兽"，这头"怪兽"是如此的厉害，以至于没有人敢讲大话，说自己从来没被它打败过。从这个意义上说，学习和爬山的真正挑战，就在于能否战胜这头"怪兽"了。在对学生的统计和研究中发现，大多数成绩中等的孩子，其主要的症结就集中在"不能坚持"这四个字上。

当通过磨练自己的心志和体力，在与"没有恒心"这头"怪兽"

的苦战中逐渐占了上风的时候，你会欣喜地发现顶峰就在不远处了。而当我们最终登顶的时候，一种战胜困难后的兴奋感，准确地说，是征服和超越自己后的一种充实感会弥漫我们的心房。这也预示着我们到了学习的第四个阶段，"得心应手，趣味盎然"。到了这个阶段，学习和爬山带给我们的就不是痛苦或艰辛，而是自信。这是半途而废者们难以体会到的一种感觉。

回过头来谈我们教育孩子的问题。有朋友曾央求我给她的孩子"好好讲一讲你的'四步学习法'，让孩子彻底明白学习的道理，而且以后就照这个原则去干"。我回答说，给孩子讲"四步法"肯定没问题，但让孩子真正领悟，并且能够变成一种学习和生活习惯，光靠空口白牙的说教是达不到的。陆游对此也是早有定论，他说："纸上得来终觉浅，绝知此事要躬行。"

这就像培养孩子的登山能力一样，光让他坐在家里听我讲爬山的道理，他恐怕永远也成不了登山家。苏轼曰："道大如天不可求，修其可见致其幽。"把眼前的每一件事都做好，都做到极致，你才能真正领悟世间的道理和规律。正确的教育方法是，在反复讲清道理的同时，我们还要带孩子去爬山。先把小山爬好，再爬比较高的山。得到锻炼和提高后，再爬大山。开始时我们要有意识地训练他，经过多次亲身实践后，慢慢地孩子自己就明白爬山的规律是怎样的了。再见到新山就知道该怎么爬了。而当这种训练达到一定的程度后，孩子的爬山性格就逐渐形成了。他会变得能爬山、会爬山、爱爬山。到了这个时候，家长培养教育的任务就算完成了。

而当他长大成人后，也许就会像王石先生一样，越是有高山，就越想去征服它。

## 家庭教育要模拟现实，还是要营造温暖？

西方教育倡导宽松自由，传统教育又让严格要求。有时真不知道
该在家里营造什么样的教育氛围。沈老师对此问题怎么看？

家长

我先不对这种划分做评论。让我们站在一个高处来看这个问题。
纵观人的一生，按八十多年计，小时候和父母紧密生活的时间大
约只占 1/5，人一生绝大部分时间，需要独自生活、独立面对各种
挑战。

沈老师

这说明什么呢？留给父母教育的时间很短？稍不注意就会错过？

家长

没错。但这次我更想提醒你思考一下：家庭教育在这段时间里的
目的何在？是要让孩子在这短暂的时间里尽量多地享受家庭温暖，
还是像教官面对即将上战场的新兵，尽量模拟实战来训练？你选
哪一个？

沈老师

理性思考的话，我当然选后者。把孩子的生活照顾得无微不至，
千般溺爱不让受一点委屈，很容易做到。但他长大独立后会怎么
样？如果因为我们在教育上有缺失，让孩子无法适应未来的挑战，
那不等于害了孩子吗？

家长

对！小时候所受的教育和训练会影响一生的发展，所以，在关键
期，家长要控制住溺爱、娇惯的强烈本能冲动，尽量从现实生活

沈老师

出发，培养孩子学习和生活的技能。血缘关系永不变，将来我们对孩子表达爱和理解的时间还长着呢。

孩子成年以后，做父母的除了准备帮忙带孙子外，能做的恐怕也只剩关心和理解了。难道还会拿着鸡毛掸子，到单位里逼他好好工作？

其实不用等那么久，像深圳的孩子，上高中住校后，家长就没什么可做的了。

可你觉得，让孩子"多享受一点"和"多学习一点"，这两者一定是对立的吗？

冠冕堂皇的表达当然是都要兼顾。但家庭就像国家和公司，每个时期都要有一个主旋律，要解决好一些主要矛盾。都想做好，恐怕一样也做不好。父母对孩子，在两个不同阶段，应该有不同的两种态度。

哪两种态度？

前一个阶段是孩子天天在家长身边；后一个阶段是离家寄宿上学或工作去了。我建议在家长可控的时候，要多提要求、多训练、多督促，使其尽快养成好习惯；而当孩子进入后一阶段，家长基本不可控了，影响力弱了，我们就该调整心态，接受现实，多理解、多温暖孩子，坦然接受孩子的不足。这时候，父母就是孩子精神和物质上的港湾。孩子不理想也要坦然接受。

你的意思是，前一个阶段家是练兵场，是太上老君的八卦炉；后一个阶段又要变成港湾、靠山、后盾?

沈老师

理想的家教就该这样,失败的则刚好反过来。孩子越小就越要在行为上多训练,思想上多灌输。随着孩子年龄的增加,家长在行为管束上要放松,思想建设上多使劲。千万不要小时放纵,大了又嫌娃娃这也不行,那也不好,觉得失了面子,今天埋怨,明天挖苦,又于事无补。这就把事弄拧巴了。

家长

按你这个说法,那我现在就该理直气壮地严格要求儿子。我会对他说:"我现在要全力以赴教育和培养你,把责任尽到。等你长大了,就大胆去闯吧!成功了是你的,不成功,还有我们保底呢!发展有不顺,欢迎来'啃老'。"

# 怎样运用"四步学习法"引导孩子学习?

## 没有天生就擅长学习的孩子

有一个家长给孩子买来一把小提琴,每天鼓励孩子拉琴,几年后孩子仍然不会拉(因为没有老师教)。这位家长就抱怨说:"几年了怎么还不会拉?连个成形的调子也听不出,还是像锯木头。我的孩子怎么就这么不听话呢?"

如果真有这样一个故事,那我们一定不会担心孩子有什么问题,反而会认为这个家长的脑子是不是有点问题。

其实学习和拉琴一样,也是一种技能。很多家长从来不系统地教孩子"怎样学习",却老叹气说自己的孩子"为什么不爱学习""为什么不会学习"。在他们看来,孩子们就要像天生会吃奶一样,天生

就必须爱学习、会学习。

学习是一项技能，家长必须要有意识地教孩子"怎样学习"。而"四步学习法"就是一个关于"怎样学习"的方法和套路。用它指导孩子学习，小到滑旱冰、学游泳，中到孩子学外语、学乐器、学奥数，大到培养孩子的自主意识、坚韧性，锻炼孩子体能体魄等等，都非常适用。

接下来我们就专门谈谈怎样用"四步学习法"引导孩子学习。

## 第一步，要让孩子充满学习的欲望

"四步法"的第一步是"确立目标，下定决心"。就是强调学习者在做事之前要先有一个清晰的目标，并且要为实现这个目标酝酿出足够强大的欲望和动力来，不能抱着无所谓、轻飘飘的态度来学习。

对家长教练来说，就是想让孩子学习某项技能，你也得先让孩子对所学的内容有一个意义上的认识。先解决"为什么要学它"这个问题。

我们抛开具体的技能不说，把孩子整个的"学习能力"当作一个问题来看待，那么怎样才能使孩子充满学习的动力呢？

让我从人类学习的本源上做些分析。

实际上孩子的学习要经历三个阶段，第一个阶段是在婴儿时期，孩子通过感觉来了解周围的世界。也就是说，人出生后伴随着感觉器官的不断发育完善，逐渐开始学习。

我们把这个阶段称为本能学习阶段。这时候的学习动力源自人的本能，也就是说这个时期孩子是无条件爱学习的。

差不多到了会走的时候，孩子就进入了第二个学习阶段——经验学习阶段。这个阶段的特点是，孩子通过模仿和游戏的形式来学习，换句话说，也就是以"玩儿"的形式在学习。这个阶段的学习动力是兴趣、好奇心。

这时候你想要提高孩子的学习动力，就要在生动活泼、变化多端上下功夫。这就解释了为什么幼儿园总是花花绿绿的，给孩子们讲严肃的道理也要借用猫儿、狗儿的形象说出来。

以进入小学为标志，孩子就到了第三个学习阶段——抽象知识学习阶段。进入这个阶段后，孩子开始通过文字、符号，进行以抽象知识为主的学习，也就是我们平常所说的开始"念书"的阶段。

与前面两个阶段相比，这个阶段的最大特点是，孩子的学习动力，不是主要靠兴趣了，而是由主观认识所产生的学习欲望。换句话说就是学习的动力主要来源于孩子对学习意义的认识。

这个阶段光靠好奇心学习的孩子，动力就会不足。因为不论怎么做，念书、背课文都没有玩游戏、捉迷藏有趣。对此家长要特别注意，并且也要与时俱进。

那么怎样做才能让孩子从思想深处对学习产生欲望呢？大原则是给孩子进行志向教育。可以这样说，志向教育是培养孩子学习能力的起点。

## 李阳为什么要让学生磕头、剃头？

据《内蒙古晨报》报道，2007年9月4日，李阳在其博客上发表了一篇题为《李阳疯狂英语包头基地成立》的文章，并附上一张"全体学生跪下给老师们磕头"的照片。此照被多家媒体转载和报道，李阳让学生们磕头的事情迅速成了舆论关注的焦点。很快，李阳也变成了大家口诛笔伐的靶子。一时间报纸上高屋建瓴、上纲上线的批判出现了；网上专攻"下三路"的帖子也如洪水决堤，快把"疯狂英语"的"教主"给淹死了。

但是，磕头的事情还没过去10天，李阳又在武汉某高校弄出个让女大学生剃头的新闻来。

据《楚天都市报》2007年9月13日报道，"昨日，近来处于旋涡

中的疯狂英语创始人李阳现身武汉某高校，他一面为自己'包头群跪事件'申辩，一面又有惊人之举：鼓动女大学生'剃发明志'，成为其'亲传弟子'。"

"……现场4000余名新生中，有一名女生举手上台。李阳随后要求助手与其'签下协议'并承诺，只要该女生剃成光头，便将收她为自己的'亲传弟子'！"

为什么李阳总要顶着雷，逆着大家的性子尽搞些磕头、剃头的把戏？你老老实实教孩子们学英语不就行了吗，为什么每次都要整出这么大的响动？似乎学生们不干些出格的事情，你就没法教他们学英语了？

李阳的这些举动，一般人都看不明白，但对我来说却是洞若观火。各位用我的"四步学习法"套一套李阳老师的教学法，保你立刻恍然大悟。

我在前面说过，任何一次成功的学习都必须经历：确立目标，下定决心；立个计划，勉强去做；持之以恒，养成习惯；得心应手，趣味盎然这四步。而李师兄在和准备加入"疯狂英语"的学生们见面时，他首要的任务就是让大家完成学习的第一步——"确立目标，下定决心"。对想学好英语的孩子们来说，学习目标再清晰不过，所以李阳演讲的唯一目的就是让现场的人做到一件事——"下定学习的决心"。反过来也可以说，能否让大家听完报告就产生跃跃欲试、摩拳擦掌的学习决心，是考验李教主演讲好坏的唯一指标，没有之一。

对于我的这个说法，看官如果还将信将疑的话，请阅李阳自己说的话。在"包头群跪事件"之后，李阳向媒体直言不讳地说："下跪磕头的照片是真的，我已经习以为常了。"他还进一步夸下海口，"过几天我还要去成都讲课，我相信我可以让成都最好的中学的全体学生下跪磕头。"这可不是随便吹牛，李阳的自信是有多年实践基础的。打动听众，让学生们在痛哭流涕和痛心疾首之后，痛下学英语的决心，这其实就是"疯狂英语"能风靡一时的重要原因。

在"武汉剃头事件"的那场演讲中，据当地的报纸讲，"李阳在演讲过程中，要求学生必须具有学习英语的决心。随后，他问道：哪个女生能剃光头，以示其决心，我将收其为'亲传弟子'。李阳声称，要女生'剃发明志'，是在坚定其学习英语的信心，如果女生剃成了光头，大部分时间都不会出门，闭门学习英语，何愁不长进？"

煽情的演说，出格的举动，以此让学英语的人们先下学习的决心。这是"疯狂学习法"的标准操作流程，是让学习者进入状态的必做动作。这是战前动员，是整个学习过程里绝对不能少的一个环节。因此，即使是众人指责，李阳还得这么干。诸位设想一下，如果听完李阳的"带功"报告，学生们依然是懒洋洋状，第二天的早读课上还是有气无力、没精打采的，那以后还会有人花钱请李阳去讲课吗？"疯狂英语"还有人理睬吗？

那么，这样做的效果又如何呢？持久的效果我不敢说，但当时的效果是肯定的。"包头事件"的当事学生，包头九中18班的郭阳同学在听完演讲后，在李阳的博客上写下了这样一段话："我很惭愧，以前真的没有好好反省自己，我在那天重生了，我要重新来过，不会让所有爱我的人再为我流泪！你的演讲真的很有震撼力，当你走后，第二天，我们18班的同学们就像着迷一样，都在阳台上反复大声地朗读你发的那本册子，都几近疯狂了！"

在我这个"四步学习法"的教主看来，一场演讲能让孩子们把学英语的志向建立起来，演讲者的本事令人佩服。但如果想让学生们始终保持这种热情，接下来该干的就是让他们，每天激励自己。否则，李阳一走，热情一过，背英文的事情就又虎头蛇尾了。

只可惜李阳这两年深陷"家暴"丑闻，好端端的事业和形象被自己给毁掉了，令人扼腕。

回过头还是继续说教育孩子的事情吧。"四步学习法"其实就是强调，要想让孩子真正掌握一项技能，学会一样东西，就要先调动起孩子的学习积极性来，让他产生强烈的学习欲望，这是引导孩子学习

的第一步，家长要学当政委，会做战前动员。

# 国军为什么打不过解放军？

　　曾经在网上看过一篇文章，是台湾某学者研究当年国军在人数和武器占优的情况下，很快输给解放军的原因。在他总结的几个原因里，其中很重要的一条是国军的战前动员远不如解放军做得好。

　　文章分析说，共产党军队历来非常重视战前动员，并且有专门的政工干部负责此项工作。在各种战役之前，他们都要做充分的战前动员，以求最大限度地调动参战士兵的积极性和勇敢性。若逢重大战事，各级指挥员则更是用尽办法，由上到下，反反复复地做战前鼓动，最终使得参战人员个个摩拳擦掌，士气高涨。

　　反观当时的国军，他们在这方面就做得很差。官兵们常常不知道为何而打，不明白打眼前这一仗的意义何在。这样，等仗一打起来，士兵们就表现得被动而麻木，完全没有积极参战的热情。曹刿说："夫战勇气也！"从一开始的官兵勇气上，国军就先输给了对方。

　　这个情况用"四步法"来分析也是一目了然，当年的国军在"下定决心"这一点上就没做好。做事没有决心，缺乏气势，遇到困难自然容易退缩。

　　学习也是同样的道理。家长希望孩子学钢琴，就如同让孩子进行一场艰苦的攻城之战。打仗之前要对孩子进行充分的战前动员，不能像抓壮丁一样，把孩子送给钢琴老师就了事。"四步法"强调，学任何东西前，我们先要有一个调动孩子积极性的步骤。让孩子明白他接下来要做的事情的意义，是非常关键的一步。

# 孩子志向的大小，决定了学习欲望的强弱

　　要提高孩子的学习能力，特别是自主学习的能力，就必须先解决学习动力的问题。志向是学习动力的直接来源。想让孩子有学习动力吗？请给他施以充足的志向教育。

　　志向与学习是开花与结果的关系，是撑帆与起航的关系，是拉弓与射箭的关系。古今中外的圣贤们对此都有明确的论述：

---

**春秋战国时期的孔子说："吾十有五志于学。"**
这并不是说十五岁前孔子不学习，他只是想强调只有当志向产生后，学习才算是真正上路。

---

**三国时期的诸葛亮在《诫子书》里对儿子说："非学无以广才，非志无以成学。"**
意思是不学习不可能成为一个有用的人才，而没有志向的话，又不可能学好。诸葛亮是想强调，志向是学习的前提。

---

**明朝大儒王阳明说："未有无志而能成者。"**
"没听说过没有志向还能学有所成的"，阳明先生把话说得很死。也是，学习是一个不断挖掘潜能，不断突破自身局限的过程。没有坚定的志向做动力，谁会老跟自己较劲？

---

**清朝的曾国藩说："盖士人读书，第一要有志，第二要有识，第三要有恒。此三者，缺一不可。"**
在曾氏看来，立志是学习的首要条件。他还说过："人苟能立志，则圣贤豪杰，何事不可为？"

---

美国研究儿童学习问题的心理学家提汉说：有强烈未来意识的孩子，会有较高的学术成就；对那些把学校作业理解为会给他们将来的成功带来帮助的学生来说，努力完成冗长而繁琐的作业也有一定的意义。
看来不光是中国人这么看立志与学习的关系，外国人也是一样。

---

## 教育的"二八现象"

我们在教育孩子的时候常遇到这样的现象：如果很好地解决了孩子的学习动力问题，使孩子变得"想学"了，那么在之后解决"会学"的问题上就会比较轻松，孩子会"不用扬鞭自奋蹄"。即使学习方法有问题，只要稍加指点，都很容易接受。

反过来，如果孩子的学习欲望没被激发出来，根本上的动力不足，那家长就要费九牛二虎的力气去解决"会学"的问题，甚至会长期耗在这个问题上。就像一部汽车，发动机没劲的话，你有再高明的驾驶技术也施展不出来。

有个校外补习机构的老师曾跟我说："我们其实最擅长的是教那些想学而不会学的学生，但来这儿的孩子多数是不想学的娃娃，这就让我们很难办。好好说孩子们不听，严厉了又干脆不来了。"我跟她说，让孩子"想学"的任务，主要要靠家长去抓，退而求其次也要靠学校老师，商业机构是最难完成这个任务的。

用"二八定律"来描述就是，如果家长用80％的心思解决了孩子"想学"的问题，那之后只需再花20％的精力去指点一下"会学"的问题；相反，如果家长没解决"想学"的问题，那将意味着你80％的时间和精力要跟孩子周旋在"会学"的问题上。

对学校老师而言，前者属于"育人"的范畴，后者则属于"教书"的工作。魏书生当班主任的时候，一年里的大部分时间在全国各地开会作报告，但他带的班状态始终如一。诀窍就在于他把"育人"的工作做到了极致。

## 让孩子吃苦好，还是立志好？

前一段时间，深圳南山区一所中学想组织学生包飞机去贵州农村访贫问苦，以便让深圳这些泡在蜜罐子里的孩子们接受一点苦难教育。但因为收费的问题，被一些家长抱怨投诉，闹得沸沸扬扬，最后事情没有办成，反而惹来满世界的议论。其实我很能理解学校的用意，面对现在的学生，老师最头痛的问题是，他们普遍缺乏学习动力，或者是学习的欲望不强烈，打不起精神来。学校想通过一些活动来激发孩子的学习欲望。

为什么会出现这种状况？孩子们学习的动力源究竟在哪呢？怎样才能把孩子的学习动力调动起来呢？这一系列的问题不是一两句话简简单单就能说清的，有孩子的家长要耐心仔细听我从人性的深处来分析这些问题，并注意看我提出的解决办法。

按马克思辩证唯物主义的观点，人性是由三个部分组成的，第一是动物性，第二是社会性，第三是自主性（也称自觉意识）。动物性掌管着人性的本能部分，比如食欲、性欲等。动物性的特点是，能量很大，但容易满足。在动物性欲望得到满足之后，人就容易陷入被动、懒惰的状态。这就像所有的动物，只要喂饱喝足，就什么也不想干一样。非洲的狮子不到饥饿难耐，决不会去抓哪怕从身边走过的猎物。由此可知，懒惰是人的本能天性之一，只有经过教化的人，才能有意识地摆脱天生的惰性。对此，当代著名教育家魏书生就说："人来自动物界的事实决定了人永远不能完全摆脱动物性，这就决定了人永远要和自己的惰性作斗争，永远需要战胜自己的阴暗面。"

当然，如果能够利用动物性的能量做孩子学习的动力，那力量又是非常巨大的。比如，每天孩子不做完作业，就不给饭吃，那娃娃的学习根本就不用家长操心。但这只能假设，现在的爹妈能做到不把饭喂到孩子嘴里就已经很了不起了。让孩子挨饿？！怎么敢想？这应该是孩子乡下的爷爷或者是太爷爷们早年念书的动力来源。

但是，人毕竟又不是普通的动物。人活在人类特有的社会里，所以，人性的第二部分就是社会性。每个人，从生下来时的纯生物人，逐渐被教育成一个拥有不同文化特征的社会人。譬如，把一个婴儿放在美国家庭教育，他就成了美国人；放在中国家庭就是中国人；放在

非洲部落里长大，那就是部落一员。孩子们关于道德、传统、礼仪、法制等方面的学习，都是属于社会化教育的范畴。

就像人的生理需求一样，人也有社会性的心理需求，如人对于社交、尊严（面子）、归属、爱的需要。这些方面如果得不到满足，人的心理也会很难受，跟吃不饱饭的感觉也差不多。很多家长教育孩子就是从人性的社会性层面入手的。比方说告诫孩子，学习不好就考不上好大学，上不了好大学就找不到好工作，没好工作就没钱，没钱万事都难，最终还被人瞧不起，所以要好好学习。接受了社会化教育的孩子一般都能明白"吃尽苦中苦，方为人上人"的道理。可以说，人性的第二部分——社会性因素，不仅是推动人类发展的动力之一，也是孩子愿意用功学习的动力来源之一。

但如果孩子无需努力就能够拥有财富（家产万贯），就能够很有"面子"（爸爸是大官或老板），或者孩子觉得学习太费劲了，太苦了，要选择"淡泊名利"。这些时候，仅靠社会性来激发和调动孩子的学习动力，作用就不大了。对这些孩子而言，学习就为赚钱或是赚"面子"，根本就没这个必要，还没打游戏爽。

中国近二十多年在经济上的爆炸式增长，使很多家庭彻底摆脱了缺钱的状态。这同时也给我们的教育带来前所未有的新问题。《菜根谭》里讲"利乃忘志之媒"。钱多的家庭，很容易使孩子陷入没有追求、没有志向的颓废、散漫状态。深圳原住民里大量出现的"四不"青年就是例证。怎样使富裕家庭的孩子保持旺盛的学习欲望和上进心？这就需要请出人性的第三部分——自主性来了。

自主性是指人不只是适应、顺从环境的社会性动物，人还有创造性、能动性和独立性。自主性强调，每个人都是独一无二的，每个人都有追求实现自我价值的欲望和能力。人生最终的幸福感，源自于最大限度地实现自我价值的追求。这也是李嘉诚、盖茨他们还拼命工作的原因所在。如果我们也能把孩子的这部分能量调动出来，那他们不论家境如何，都会产生旺盛的学习激情。在这方面，有个已经富裕了

132

几百年，并且没有贫困地区，但大家依然好学上进的国家——瑞典，可以给我们一些启发。

瑞典不仅是世界上最富的 10 个国家之一，而且执行高福利政策。光凭国家提供的福利，瑞典人就可以过得很不错。但这种长期的福利政策并没有导致瑞典国内懒汉充斥，民众不思进取，学生不爱学习。原因就在于国家从小就鼓励国民要有志向和梦想，要追求实现自己的人生价值，要去做自己最想做、最擅长的事情；并鼓励国民要敢于冒险，勇于创新，不要害怕失败，因为有优厚的国家福利会给大家保底。在这种国策的引导下，瑞典是世界上创新能力最强、高科技最发达的国家之一。对瑞典人来说，财富不是丧志的根源，而是向前奋斗的物质保证。

瑞典政府的做法，从人性理论来看，就是调动和激发出了人的第三性——自主性，让每个人都尽可能树立远大志向，并放胆去追求自己的梦想。一个人的心中一旦有了志向，他的行为就立刻充满激情，这样的人在生活、学习中从来不乏上进的动力。

宋代有个叫王曾的年轻人得了状元，周围的人向他祝贺此生衣食无忧，王青年回答说，"曾，平生之志不在温饱"。后来他当了一朝宰相，是个很有作为的人。家庭教育也要达到这个目的，要让孩子拥有"平生之志，不在温饱"的大气魄和大格局。当孩子有了理想与追求，他就会摆脱动物性和社会性的束缚，愿意向更高的人生目标挺进。要让孩子有发自内心的强烈欲望，这是摆脱颓废、激发学习激情的根本出路。

我历来认为用贫困教育（或吓唬）孩子都不是好办法，因为对那些"聪明"的孩子，顶多就起个"珍惜现在"的作用；而对那些"不聪明"的孩子来说，除了庆幸自己的运气好以外，反而可能会造成他们保守、畏缩的小家子气。

# 怎样对孩子进行志向教育？

志向教育从内容上说就是人文教育，从心理学的角度定义就是人格教育。志向大致可分为两部分——向内志向和向外志向。

向内的志向是指追求人生意义的志向，是回答"人为什么而活着""应该怎样生活""我到底该做个怎样的人"这类问题的。这部分决定一个人的思想境界和灵魂根基。

向外的志向是指人外在的具体追求目标。比如决心要考 100 分、要上名牌大学、要出国留学、要当企业家、要赚很多钱等等。

就对孩子的教育而言，两者同样重要，一个都不能少。前者是做人的根基，后者是在根基上修建大厦。

如果仅强调前者，就容易成为只会空谈的道学家；只求后者，又可能造成短视，甚至心灵空虚。

## 人文教育决定着孩子的人生境界与格局

从人文教育决定孩子的志向这一点上说，让孩子"多多地读书，读多多的书"是志向教育最有效、最简单的方法。

关于志向教育我们可以总结出这样一些要点：

---

**1. 志向教育的主要责任在家庭**

一个孩子有没有志向、有怎样的志向，主要取决于他的家庭教育。目前的学校教育在这方面对孩子的影响非常有限，所以，家长要把志向教育作为家庭教育的重要内容来抓。父母亲承担着孩子志向教育的最主要责任。

---

**2. 志向教育要从小进行**

《颜氏家训》里说："人生小幼，精神专利，长成以后，思虑散逸，固需早教。"我们说小时候对孩子进行志向教育就如同在一片规划好的空地上修路。如果等孩子长大之后才教育，那就如同在乱七八糟的旧城区里修新路，不仅有建设的任务，还有拆迁的麻烦。两者的难度和成本完全不可同日而语。

---

（续表）

### 3. 志向教育要从小时候的背诵和阅读开始抓起
要通过背诵和阅读对孩子进行系统的人文教育。人与人的差异主要在思想方面。要给孩子进行历史、文化、艺术等非技能方面的人文教育。要让孩子对自己有历史的定位。要从小给孩子阅读有关历史、传统、文化和名人传记类的书籍，要让孩子从小背诵格言警句等。中国传统的儒家教育方法以及犹太人教育孩子的方法，都是通过大量的背诵来完成。这些背诵和阅读对人格观念的形成有很大的影响。另外，"读史可以明志"。

### 4. 日记对志向教育特别重要
记日记的反省和提醒功能是没有其他方法可以替代的。人人都有上进的心，孩子们在写日记的时候，决不会劝自己消极、懒惰、不求上进。相反都会在写日记时鞭策、鼓励自己。这种源自于内在的动力是促进他们进步的最强大力量。

### 5. 要让孩子交到好的朋友
当孩子进入小学高年级以后，伙伴之间的影响往往会超过父母对他们的影响。深谙此理的曾国藩特别告诫儿子"择交是第一要事，需选志趣远大者"。最讲仁义的孔夫子，在交朋友上却非常自私，他强调"无友不如己者"，别和不如自己的人交朋友。可见交友之重要。

### 6. 有条件的家庭应该给孩子请个导师
韩愈说"古之学者必有师"。他这里所说的师不是教孩子识文断句的老师，而是传道、解惑的导师。青少年时期的孩子们正处在充满了各种人生困惑的阶段。如果有人能在这个阶段给他们适当的指点帮助，会让他们少走很多弯路。这种帮助往往是父母的角色不容易做到的。中国历史上有实力的大户人家，大多要给孩子们请师爷。英国教育家约翰·洛克在他的《家庭教育》一书中专门有一章讲"为孩子寻找导师"。

### 7. 要培养孩子的责任感和使命感
成熟源自责任。人们会夸一个孩子懂事了，是因为他们发现那个孩子懂得承担责任了。相反，我们会说一个大人还不懂事，其背后的意思就是这个大人还不懂得承担责任。作家卡缪说："幸福不是一切，人还有责任。"林肯说："人一旦受到责任感的驱使，就能创造出奇迹来。"心理学家弗兰克说："人活着的目的并非不顾一切地排遣焦虑，而是为了一个自己选择的、有价值的目标去努力和奋斗。也就是找到一种使命感，建立起自己人生的志向。"

### 8. 要让孩子的眼中闪烁梦想的光芒
王小波说追求伟大事业的人"眼睛里闪烁着梦想的光芒"！没有梦想的孩子是很难获得精彩体验的。没让孩子产生梦想的家长，要反思自己的教育。

# 教育孩子要在大气上下功夫

朋友的孩子上五年级，有一次去他们家串门，正好听到妈妈在教女儿怎么和班里的一个同学斗，怎么通过送礼的办法把班主任搞掂。在孩子离开的时候，我委婉地说出自己的意见。那个妈妈听了几句就"哼"了一声，哼过之后不屑地说："你不知道，现在的孩子可复杂了！都有家长在背后教。如果你不教，她就像个傻瓜蛋，尽让别人欺负。"我还真不知道孩子被欺负到什么程度，居然要动用妈妈几十年的老斗争经验来辅导孩子。

最让我不可接受的是，大人把孩子养俗气了。我坚决主张家庭要培养孩子的"大气"。所谓"大气"就是心胸广阔，志向高远，思想博大；就是行为举止洒脱自然，与人交往大度自信，做起事来有胆有识。所谓"大气"就是古人所说的"器局开阔"。与"大气"相反的就是小肚鸡肠、鼠目寸光；就是斤斤计较、狭隘偏激；就是扭扭捏捏、猥猥琐琐。

我提倡，解决了温饱的家庭，都应该把孩子往精神贵族的方向培养。因为这代表着人类先进文化的前进方向。

在这里我不是宣扬唯精神论，也还没到"视金钱为粪土"的境界。我是强调，要培养孩子有干大事的心理素质，有承担大使命的气魄。其实，有了这样的气度和胸襟，孩子才更不容易为钱的事情而发愁犯难。物质应该是精神追求过程中伴生的附属品。家长这样安排孩子的生活是最合适的。

要明白，当孩子心灵的原野变得辽阔了，孩子的前景能不高远吗？当孩子变得高尚高雅了，他还会去干那些不入流的事情吗？相反，如果孩子的内心世界非常地狭隘，思想苍白而单调，满脑子充斥着七姑八姨、东长西短、鸡零狗碎，你让他能有什么大出息？

想培养孩子的"大气"，重点要在人文修养上下大功夫。如果缺少人文知识的底蕴和修养，一个人不管学多少技能，都不过是个工匠。因此，除了应付考大学的事情外，家长要把孩子的思想浸润在文化、历史、哲学的人文雨露里。要让孩子通过阅读（切记是阅读，而不是看动画片什么的）和历代中外的先贤、伟人们建立起思想的联系；和大师、哲人们交上精神的朋友；让孩子接受人类最高端思想信息的洗礼。换句话说，就是让孔子、孟子、老子、庄子、蒙田、黑格尔、富兰克林、爱因斯坦等人给孩子当家教，负责孩子的思想教育。让鲁迅、胡适、陈寅恪、季羡林、海伦·凯勒、周国平、贾平凹等人，跟孩子成为精神上的"忘年交"，使孩子在碰到人生困惑的时候，思考各种问题的时候，能从这些人里找到指点迷津的恩师。而不是主要靠我们这些见识有限、徒增马齿的家长们。平心而论，爹妈根本没有关起门来给孩子当"上帝"的必要和能力，最聪明的家长应该把自己的孩子交给"大人物"去培养。要经常提醒自己："一定要让孩子超越我们！"

最后还得说，想培养"大气"的孩子，先要有"大气"的家长才行。我的切身体验是，教育和训练孩子其实很简单，难的是改变家长的思想。培养孩子的美好，往往会被改变大人的艰难给毁掉。

## 第二步，教孩子学会制订计划，以战胜学习上的"困难期"

"四步法"的第二步是"立个计划，勉强去做"。这期间最大的难点是学习者会进入学习上的"困难期"（也叫"高原期"）。

什么是学习的"困难期"？在所有技能的学习中，随着学习难度的提高，学习者热情的消退以及生理适应性的反弹等，会使学习者在开始学习或训练后不久感到学习非常难受，产生特别想放弃的生理和心理感受。这段时间就是所谓的学习"困难期"。

举例来说，长跑的人在开跑后不久就会遇到呼吸急促、心跳加快、喘不过气的状态。但只要坚持跑过这一阵子，感觉就又会轻松下

来；练字的人刚练几天会觉得进步很快，但过一段时间后就会觉得进步很慢，甚至比以前写的还要丑了。此时的学习兴趣也会大大降低，但只要不放弃，继续努力就又会觉得慢慢好起来了，甚至产生每天都想练一会儿字的想法，这就是养成习惯的前兆；学外语也是这样，刚开始学会觉得进步很快，信心满满，但过上一阵子，就会觉得每天没什么进步了，枯燥感油然而生。很多人就在这个阶段放弃了学习，但如果扛过这一段，你的英语水平就会有实质性的提高。

曾国藩对这个学习"困难期"也有一个清晰的论述，"凡事皆有极难之时，打得通的，便是好汉"。他认为做任何事情都会遇到一个特别困难的时期，这是一个普遍的规律。普通人在这个时候就会放弃目标或降低要求，而有作为的那些人则恰恰相反。曾国藩告诫儿子说要用"熬"的办法来对付"困难期"。他说：到了学习的"困难期"，千万不要"间断停歇"，只要"熬过此关，便可少进；再进再困，再熬再奋，自有亨通精进之日"。

我们也可以这样说：**所有孩子在学习所有技能的时候，都会遇到"困难期"。能够想方设法打通难关，熬过这一段，迈过这个"坎"的孩子，就是学习能力强的孩子。**当然，能够指导和帮助孩子越过这个坎的家长，也就是教育能力强的家长。这是"四步法"第二、第三步的核心所指。

那么怎样才能帮助孩子越过这个坎呢？怎样才能熬过这个"困难期"呢？方法在于制订科学周密的学习和生活计划。

## 通过计划来培养孩子的好习惯，是最直接最有效的方法

"四步法"第一步的实质是让孩子立志，目的是要让他们产生强烈的学习欲望。孩子下定决心后的学习热情，往往就像核裂变产生的能量一样巨大。

但是，光凭着一股冲动或热情来学习，其结果就是开始的时候用力很猛，精力和时间投入过多，等后来真正遇到困难时又没有了热情。这就像原子弹爆炸，能量瞬间释放，过后就烟消云散什么都没了。

用科学的计划来规范孩子的行为，让孩子有持续的行动力，并且最终变成良好的习惯，这才是正确的学习方法。这就像核电站利用核能，有控制地释放能量，才能持久地运行。

程颐说："所见所期，不可不远大，然行之亦需量力而有渐。志大心劳，力小任重，恐终败事。"用现在的话说就是志向大的人欲望就强烈，伴随的焦虑感也重。如果在开始的时候就承担超出他能力的任务，其结果大多会以失败收场。这个现象在那些心志还不成熟、很容易情绪化的孩子们身上表现更加突出。

所以，想要孩子有持续的行动力，有好的学习习惯，就要靠科学的计划来规范孩子的行为，并且持久执行，最终养成好习惯。

另外，计划还是保持效率的前提。没有计划的学习就如同没有地图的旅行——走哪算哪；也像没有规划的建设——越多越乱。

# 魏书生老师培养我们的效率感（节选）

## 刘诗奎

魏老师很重视我们学习效率的提高，时刻教育我们养成高速度、高效率的学习习惯。他经常向我们讲解提高学习效率的方法。

**第一，要有科学支配时间的计划。**在学习之前，把先学什么，后学什么，要用多长时间，都计划好。英国哲学家、政治家培根说过："合理安排时间，就等于节约时间。"只要我们计划周密，然后按计划执行，就可节约大量时间。

**第二，高效运用。**达尔文说过："完成工作的方法是爱惜每一分钟……"魏老师常教育我们做事要有雷厉风行的作风，要一鼓作气，

速战速决，不能磨磨蹭蹭，拖拖拉拉。在既定时间内工作做不完，就不能停下休息。要合理地支配时间，先做大事，后做小事；用大段时间处理较复杂的事情，用小段时间处理容易完成的工作。

**第三，精确计算。**计算所用的时间时，要认真计算有效劳动、无效劳动、学习效率，并计算其中是否有浪费的时间，是否能再节约一些时间。

**第四，迅速改进。**改进工作也要有个高效率，要在时间支配计划里计算出还能节约的时间，把浪费的原因找到，尽量减少无效劳动。

这些方法都十分宝贵，可是我们有的同学还是不注意学习效率。魏老师发现后，就给我们讲了这样一道题：

某人要烙三张饼，一锅可烙两张，两分钟烙熟一面，问需多长时间烙完。不少同学脱口而出："8分钟。"可是魏老师却回身在黑板上写下了这样的算式：甲正面、乙正面＋甲反面、丙正面＋乙反面、丙反面：2分钟＋2分钟＋2分钟＝6分钟。

接着他又说：比如二人各挖一个坑，甲挖一锹歇几分钟，再挖一锹再歇一会儿，而乙则一口气干完，你说谁累？当然是拖拖拉拉的甲。

捷克人文主义思想家、教育家夸美纽斯说过，时间应分配得精细，使每年、每月、每日和每小时都有它特殊的任务。

印度科学家雷曼也说过，每天不浪费或不虚度一点点时间，哪怕是只有五六分钟。如果能重用，也一样可以有很大成就。游手好闲惯了，就是有聪明才智，也不会有所作为。

不要小看这点滴时间，只要坚持不懈，就会集腋成裘，事半功倍。苏联科学家柳比歇夫坚持一生精确计算时间的支配与使用，做到一年一大结，一月一中结，一天一小结。正是由于他如此注意节约时间，提高效率，才为自然科学做出了巨大贡献。无数事实都已证明，养成高效率的学习和工作习惯，将对人的一生有着无比重大的意义，因为它等于延长了人的生命。

魏老师的这些话使我们心悦诚服，全班同学都很注意提高学习效率。就拿我来说吧，每一学期开始，都计划出这学期重点抓的科目，学完每科的大约时间，复习所用时间；每月一日，都计划出这个月的学习任务量，上半月学什么，学多少，下半月学哪科，学习速度；每天早晨起来，都规划出当天的任务，哪些是必须完成的，哪些是要尽力完成的。一拿起课本，就习惯性地估计这段时间可以读多少页。每天晚上，我都在日记里总结时间有效利用率。计算的项目有：学习量、效率、有效劳动时间、无效劳动时间、最佳效率时间、最低效率时间及其原因和改进方法。正因为有了这种效率感，我的学习效率才大大提高了。每分钟能看1000字左右，每小时能写一千二三百字的文章。两年半的时间写了800多篇共30多万字日记，120多篇文章共10万字左右，阅读了近200本各种书籍。

## "细节决定一切"，这句话最适合在制订计划时说

有一次，我帮一个家长分析孩子的学习问题。我根据这个孩子的特点（想学好，很努力但没章法）说先要教会孩子制订学习计划。话音未落，这位家长就摇头说："根本没用的！他们班主任也曾经让他订过计划，但是成绩还是上不去。"

我于是反问她："你身上带钱了没有？"她说："带了。"我说："能不能先借给我，我想在对面那个大厦里买一间办公室。"她马上说："那我没那么多钱。"我说，计划和钱的概念一样，不是"有没有"的问题，而是"够不够"的问题。

"细节决定一切"这句话最适合在制订计划时说。胡适说："志向不嫌远大，计划不嫌切近。"计划的功夫全在细节里。

### 制订计划的四大原则

**第一个原则——实事求是原则。**应用心理学之父威廉·詹姆斯

说："接受既成事实，是克服随之而来的任何不幸的第一步。"所以，订计划的时候一定要从孩子的实际出发，无条件接受现状。这一条原则说起来很简单，但在现实中，对一些急于求成的家长和孩子们来说却是最难做到的一条。

第二个原则——**先慢后快原则**。制订计划之初，热情是最高的而能力却是最低的。如果刚开始就贪多求快，最终会因为"志大心劳，力小任重"而失败。先慢后快地干，会使孩子越干越自信；先快后慢地干，则使孩子越干越窝囊。

第三个原则——**自带油箱原则**。飞机载货量越大，耗的燃油也越多，所以，越能载重远航的飞机其自身的油箱也越大。要想长久有效地实施计划，就必须在计划中包含让孩子不断自我激励的部分。很多孩子忽略了这一点，把自己所有的时间精力全计划来学习，结果很快就迷失了，不知道自己为什么要这么辛苦。于是像缺少燃料的飞机，越飞越低，最终一头栽下，所有的货物也都丢了。每天一定要在黄金时段安排自我激励的计划，千万不要认为这是在浪费时间。

第四个原则——**数字化原则**。所有的计划最终都要变成日期和工作量组成的表格。举例来说，有三个学英语的计划，第一个：每天抽时间学一会儿英语。这不能算是计划，这只表达了一种想法。第二个：每天早上学半小时的《新概念》。这是一个内容和时间安排都很模糊的计划。第三个：每天早上6点到6点半，背诵《新概念》第二册的一篇课文。这才算一个真正的计划。没有时间和数量的计划，就等于没有计划。

**制订计划的最高境界是能让孩子持久执行下去，制订计划的最糟境界是虎头蛇尾，不了了之。**

朱之瑜说："学者用功，须是渐进而不已，日计不足，岁计则有余，若一暴十寒，进锐退速，皆非学也。"所以，制订计划的最大秘诀是"一日不足，一年有余"，从一天看还有点欠缺，但从积累一年的效果看就不得了。

对一个孩子来说，日常生活中必须制订以下五种不同类型的计划。

| 进入学校后孩子必须要有的五类计划 |
| --- |
| **1. 以周为单位的日常作息计划**<br>每天几点起床、几点背书、几点锻炼、几点写日记，等等。作息计划越详细越好。如果没有严格详细的作息安排，孩子每天的时间就抓不住。 |
| **2. 长中短期的学习计划**<br>以时间做考核的长、中、短期学习目标计划。有了这样的计划，孩子就知道要往哪里学，在一定的时间段里该完成多少，同时也考核了自己的效率。这就像一个国家的发展规划。没有这个计划就谈不上是有方向的发展，只能算是走一步看一步了。 |
| **3. 单项、单科的计划**<br>以各单科学习内容为依据安排的计划。比如英语学习计划、钢琴学习计划、奥数学习计划等。单科计划与作息计划结合起来，就能互为监督和考核的标准。这样才能起到不断促进的作用。 |
| **4. 自我加油的计划**<br>有每天给自己打气加油、不断激励自己的计划，这一点非常的重要。 |
| **5. 督察、修正计划的计划**<br>要有督察、修正的计划。所谓督察就是在计划执行一段时间后总结分析计划实施过程中存在的问题，实在达不到的，要降低要求；感觉太轻松的要适度加量。 |
| 这五类计划就像钟表里的齿轮一样，相互制约，互相带动，把孩子的学习生活规范起来。 |

我常见的家长帮助孩子订计划的方式大概有这么三类：

一类是对孩子说："你一定要制订学习计划呀！"说过之后就算任务完成。孩子再没长进就骂他"不听话，我都说过多少次啦"。

还有就是："我建议你要制订学英语的计划，制订一个长期的阅

读计划和每天的作息计划。千万记住要制订这些计划啊！"算是进了一步，但也仅此而已。

再有就是能给孩子提供很多学习计划的样板，让孩子有充分参考，并且帮助孩子切切实实制订出各种计划。

家长要多收集一些优秀孩子的学习、生活计划，这是一件具体且需要认真对待的事情。

# 学会把抽象的目标变成具体的计划

李开复

任何目标都必须是实际的、可衡量的目标，不能只是停留在思想上的口号或空话。制定目标的目的是为了进步，不用具体数字做衡量你就无法知道自己是否取得了进步。所以，你必须把抽象的、无法实施的、不可衡量的大目标简化成为实际的、可衡量的小目标。

举例来说，几年前，我有一个目标是扩大我在公司里的人际关系网，但"多认识人"或"增加影响力"的目标是无法衡量和实施的，我需要找一个实际的、可衡量的目标。于是，我给自己制订了一个"每周和一位有影响力的人吃饭，在吃饭的过程，要这个人再介绍一个有影响力的人给我"的计划。衡量这个目标的标准是"每周与一人吃一餐、餐后再认识一人"。当然，我不会满足于这些基本的"指标"。扩大人际关系网的目的是使工作更成功，所以，我还会衡量从"每周一餐"中得到了多少信息，有多少我的部门雇佣的人是在这样的人际网中认识的。一年后，我的关系网有了显著的扩大。

制订具体目标计划时必须了解自己的能力。目标设定过高固然不切实际，但目标也不可定得太低。对计划还要做及时的调整：如果超出自己的期望，可以把期望提高；如果未达到自己的期望，可以把期望调低；达成一个目标后，可以再制定更有挑战性的目标；失败时要坦然接受，认真总结教训。

# 第三步，"持之以恒，养成习惯"是塑造性格的关键期

教育家叶圣陶说："大凡传授技能技巧，讲说一遍，指点一番，只是个开始而不是终结。要待技能技巧在受教育的人身上生根，习惯成自然，再不会离谱走样，那才是终结。所以讲说和指点之后，接下去有一段必要的功夫——督促受教育者多多练习。"也就是要把勉强学会的技能练成靠学习者潜意识控制的一种习惯。这其实就是"四步学习法"之第三步所要做的事情。

"四步法"的第三步是"持之以恒，养成习惯"，它是整个"四步法"中最难，也是最重要的一个环节。此环节之成败直接决定了家庭教育的好坏。

在我日常的咨询中，常有家长抱怨自己的孩子做事没有毅力，缺乏长性。在他们看来好像有恒心毅力是一件很简单的事，不明白怎么惟独自己的孩子没有。

## "持之以恒"是世界上最难做到的事情

我每次讲课讲到这个问题，都会向在座的家长提问："谁敢说自己是个说到做到的人？是非常有恒心毅力的人？能够问心无愧的家长请举手。"到目前为止还没有发现一个敢举手的人。

我们姑且不要说孩子难以做到持之以恒，也不要说普通的大人做不到凡事都有恒心毅力，就是伟人大师也在"持之以恒"这四个字前没有十足底气。

就拿被公认为最有意志力的曾国藩来说吧！梁启超说："曾文正在军中每日必读书数页，填日记数条，习字一篇，围棋一局……终身以为常。自流俗人观之，岂不区区小节，无关大体呼。而不知制之有节，行之有恒，实为人生第一大事，善觇（暗中观察）人者，每于

此觇道力焉。"他评价曾国藩不仅"制之有节，行之有恒"，而且是"自制之力甚强"的人。

但让我们看看曾国藩自己是怎么评价自己的。

他在34岁时写的日记里说："余病根在无恒，今日立条，明日仍散漫，无常规可循，将来苞众必不可信，作事必不成，戒之！戒之！"曾前辈虽然心里特别想戒坏毛病，但现实却是"今日曰戒，明日犯之；明日责己，他日再犯"。这个时候的曾国藩虽然已贵为翰林，但却为没有恒心毅力而苦恼。

这位毫不虚伪、诚恳谦逊的大人物在47岁时给儿子的信中写道："余生平有三耻。"一耻是对"天文算学毫无所知"；二耻是字写得太慢；三耻就是"做事有始无终"。

由此可见，克服惰性，做到持之以恒是多么地不容易。当家长的各位，千万不要轻看了这个问题。

从"四步法"来分析，不论学习成绩多不好的孩子，他们总还是下过几次决心，立过几回计划的。但真正能够按计划长期努力，把好行为变成好习惯的孩子却不多。

为什么"持之以恒"是这么难的一件事情？这真是六月里冻死一只老绵羊——说起来话就长了。

简单些说，这是由于人的本质是动物，所以人性中很大一部分是动物性，而动物性带给我们懒惰的本性。形象些说，就是人们平时都在惰性的河流里逆水撑船，只要你稍有懈怠，稍不努力，就会被懒惰吞噬。

现实社会中，大部分的成年人不也长期处在不求上进的消极懒惰之中吗？

不接受任何后天人文教化的人，其实只是一个长得像人的动物。比如从小被狼叼走的狼孩。人类是靠后天的不断学习和训练才逐渐摆脱动物性的特征，变成自律、自觉、自主的社会人。

所以，当孩子下决心要学一样东西，并且订出了一份合理周密的行动计划开始实干，甚至是已经取得了一些小进步的时候，家长们要清醒地认识到，真正的挑战才刚刚开始。"懒惰"的大部队都在后面呢！

# 和一位老同学的对话

老同学："几年不见你居然研究起教育娃娃的事情了！"

沈老师："是啊，兴趣所致。"

老同学："也对，我记得你在大学时，文科的水平就比专业课的水平高嘛！"

沈老师："你这话让我想起我的专业课水平。麻绳提豆腐，不提也罢！还是说说你儿子的教育状况，我现在对这些话题很感兴趣。"

老同学："我儿子小学刚毕业，学习成绩一般。这孩子脑瓜子很灵，想法很多，但却'浑身刀，没有一把快'。主要原因就是做事没长性，属于'常立志'的类型。"

沈老师："哦！那你怎么帮助他？你这个当爹的总要指点一下吧？"

老同学："我怎么帮他？！给他讲道理、骂他都不起作用。我还能怎么样？！对这个问题我算是想通了，'儿孙自有儿孙福'，看他自己将来的造化吧！"

沈老师："没有长性的，可不光是小孩子呀。你的外语现在怎么样了？能和老外对话吗？"

老同学："看资料还行，写就差些，跟老外说话根本就不行。他们叽里呱啦一讲得快，我就什么也听不懂了。"

沈老师："毕业后一直没再找机会学吗？"

老同学："也学过几次。有一次去了趟美国，回来就下决心要把口语关给过了。但……"

沈老师："但怎么样？后来没坚持学下去？"

老同学："工作比较忙，事情又多。"

沈老师："就别找借口了。原来你也是没长性啊，哈！哈！哈！"

老同学："这话千万不能让我儿子听到，不然我以后讲什么他更不听了。"

沈老师："我老给家长打比方说，你就像孩子的老板、团长，孩子就像你的员工或士兵一样。家长老怪孩子不听话，这就像蠢老板怪自己的员工不好管，无能的团长怪自己的士兵不会打仗一样。"

老同学："这我承认，在管孩子上我真的是个蠢材。当着真人的面我不说假话。"

沈老师："老同学之间，我说话比较随便一些，你别在意。"

老同学："我没那么敏感脆弱。说真的，你倒是可以给我仔细讲一讲怎么纠正孩子学习做事没长性的问题。同学之间，可不能藏着掖着。"

沈老师："我不会有丝毫的保留，教育侄儿的事情，和教育自己的孩子一样。只是怕你不认真听，不仔细地思考。我碰到大部分家长都是想找个'简单的教育方法'，没深入学习的心思。可我又没发现很简单就能把孩子教育好的方法。"

老同学："这你放心，我会洗耳恭听的。这样吧！你先找个好一点的地方请我吃饭，我们一边喝着一边聊。"

## 要用"三大法宝"来提高孩子持之以恒的功力

我曾看到有位专家，在电视上谈怎样帮助孩子解决没恒心毅力的问题。这位专家反反复复强调的就是家长要和孩子沟通，"跟孩子好好说"。他认为孩子都有一颗求上进的心。孩子的问题主要是大人没沟通好造成的。他的观点是：只要家长把道理讲通了，孩子答应要好好学了，后面的事情就都很简单了。

在这位专家看来，孩子本身似乎没有丝毫的自制力方面的困难，说到就能做到，都是比曾国藩更有意志力的人。

这显然和事实不符。更多的情况是孩子们信誓旦旦地保证过后却不能长久坚持，逐渐地虎头蛇尾，最后落个不了了之。

我认为孩子当初给大人做保证的时候是真心实意的，但他们又不能很好地控制自己，所以，即使是答应的事情也会半途而废。就像曾国藩似的，"今日曰戒，明日犯之；明日责己，他日再犯"。很多孩子都为自己的这个毛病感到痛苦不堪。

"功夫在诗外。"想解决好孩子的这个难题，就要让孩子在修身上下功夫。换句话说，家长要教孩子做到持之以恒，必须绕开眼前的问题，从修身养性上下手。这就如同看到孩子嘴角生热疮，不能老是通过涂紫药水来解决问题，而是要在调理饮食、补充维生素上想办法。

如果孩子在修身养性上没有长进，那是很难做到持之以恒的。具体来说要在三个方面下功夫：一是学会控制自己的情绪；二是学会控制自己的思维；三是学会不断地自我激励。这就是我所说的"三大法宝"。

## 法宝一：让孩子学会控制自己的情绪，摆脱情绪化的学习状态

在日常生活中你大概会有这样的经验，当情绪很好的时候，做事学习都很有耐心，且积极主动，效率也高；而当情绪恶劣的时候，不论学习或工作都感觉不耐烦、被动和低效率。用我的话说就是："情绪是水，行为是舟；水能载舟，也能覆舟。"

学习的时候要求人要情绪平稳，按计划有序进行。但人的情绪恰恰又是个极不稳定的东西，小孩子更是如此。于是学习效率就会随着孩子情绪的变化而波动。高兴的时候学得很好，不高兴的时候成绩一落千丈。

所以说，不稳定的情绪是造成孩子学习不能按计划实施的第一因

素。而学习计划一旦打乱，学习的步骤和方向就会迷失，学习很快就成了一件被动的事情。

孩子如果是自己情绪的奴隶，那学习就会沦为奴隶的奴隶。

**要想孩子能够持之以恒，第一件法宝就是要让孩子学会控制自己的情绪。**陆游说："欲求灵药换凡骨，先挽天河洗俗情。"意思是想超越凡夫俗子的生活状态，请先摆脱那些不入流的坏情绪对你的影响吧！这当然是对大人们说的，但培养这种控制力则要从娃娃抓起。

---

**教孩子控制自己情绪的递进方向**

**1. 先要让孩子做到少愤怒、不发火，尽量减少大喜、大悲的情绪波动**
人在情绪激动时是很难从事学习活动的。这种状态用水来比喻，就是暴发山洪的河流，学习的船根本走不了，原定安排好的船期也会被打乱。

**2. 要纠正孩子爱抱怨，或过度自责的坏习惯**
不论是抱怨还是自责都会使孩子陷入到消极、沮丧、抑郁的情绪中。这种情绪状态用水来比喻，就是一条浑浊淤塞的河，明明是河船却走不动。值得提醒大家的是，抱怨和自责相比，后者往往对孩子心理的影响机会更多一些。

**3. 当孩子控制情绪的能力有了一定的提高后，还要注意让他做到不浮在表面，不走形式，有目标地学习**
很多孩子能在书桌前坐上几小时，但你若问他究竟学了些什么，他却说不上来。这种情绪状态用水来比喻，就是一洼没落差的湖水。所以，除了强调学习需要平和宁静外，我们还要让孩子在心里生出一些积极的情绪来，产生追求一个学习目标的欲望。有了学习目标就如同河水有了落差。

**4. 最后要让孩子做到能够劲气内敛，心情平和而积极。这是一个非常适宜学习的心理状态**
这种状态用水来比喻，就是平坦宽阔、奔腾向前的长江，此时的学习效果是"两岸猿声啼不住，轻舟已过万重山"。此时的学习效率是"千里江陵一日还"。进入这种学习状态的孩子，不仅效率高，而且会有忘我的高峰体验。这个时候，他们的内心充满和谐、充实感与自信，没有丝毫的焦虑感。

---

# 人的情绪完全可以自己控制

在我谈让家长教孩子控制自己情绪的时候，经常有家长用疑惑的口吻说："连大人都控制不了自己的情绪，孩子能控制住自己的情绪吗？""脾气不是天生的吗？说改就能改吗？""硬让孩子改脾气是不是不现实？或者说会很痛苦啊？"

对于这些疑问，我根据心理学的理论给大家一个明确的回答，人的情绪是完全可以控制的。因为每个人对一个事件（外界刺激）所做出的情绪反应，其实都是由他对这件事情的看法决定的。比如有个中国人正和自己的老父亲走路，突然听到一个年轻人老远地叫自己爸爸的名字，他一定很生气，因为这在中国是不尊重老人的表现，但如果发生在美国小镇上，那就没什么了。直接叫名字反而说明老人和孩子之间很亲昵。情绪源自认知。

再比如，当年某宗教领袖被行刺之后，首先想到的是宽恕凶手，并且在身体恢复后去牢房看望刺客，与之长谈。而另外，我们常会看到很多打人杀人的案子，仅仅是因为两个混混不小心碰了一下，觉得不痛打对方就会使自己丢面子，一来二去，酿成血案。该宗教领袖的平和与混混的气急败坏并不是因为外界刺激有多么不同，而是因为他们看待事情的思想有本质差别。

所以，心理学家提出一个控制自己情绪的三段论：

| 控制情绪三段论 |
| --- |
| 大前提：我可以控制自己的思想。<br>小前提：我的各种情绪都来源于我的思想。<br>结　论：我可以控制我自己的情绪。 |

由上面这个三段论，我们也可以得出这样一个结论：教孩子控制情绪，要从改变孩子的思想认识入手。中国古人也有类似的说法："定火功夫，不外以理制欲。理胜则气自平矣。"

我有一次在深圳布吉某幼儿园讲课，课前与园长聊天，她说起先前有个孩子在幼儿园和小朋友打架，吃了亏。后来孩子的爸爸赶到园里，一定要让自己的孩子再打回去，老师们怎么劝都不行。这位爸爸自始至终认为如果就这样算了，那孩子以后就会总被人欺负。这位园长问我以后遇到这种家长怎么办？

我说要从改变这位爸爸的人生观上下手。告诉他，如果希望自己的孩子以后干黑社会，当恶霸，那的确应该像他讲的那样，打架一定不能吃亏，吃了亏也一定要找人扳回来，否则很可能成个窝窝囊囊的黑社会。相反，想让孩子成为文明人，成为社会主流，那就必须教孩子用理性、合法、宽容的方式处理与同学之间的矛盾。对此我有一个观点："对外界刺激做出反应是动物的本能，而做出怎样的反应则体现了人的智慧。"

教孩子控制情绪的根本方法是给孩子灌输正确、理性、健康、积极的人生观和价值观，这是治本之道。

## 法宝二：让孩子学会控制自己的思维

使孩子做事能够持之以恒的第二件法宝是，要让孩子学会控制自己的思维。

科学家研究发现，人在思考的时候是一种极度耗费能量的状态。人脑的温度是全身最高的，大脑消耗了人体约 1/5 的能量。

就像体育运动是靠消耗体力在进行一样，思考是靠消耗"脑力"而进行的。从这个意义上说，脑力是一种宝贵而有限的能量，必须让孩子学会科学合理地使用它。

学习的根本就是思考，就是运用自己的脑力。那些不会科学用脑、不会思考的孩子，就像个满场乱跑的足球队员，力气没有少费，但效果却很差。

让孩子学会控制思维，一是不要让他们整天陷在胡思乱想的状态里，这样会把宝贵的脑能量浪费在一些鸡毛蒜皮的琐事上；二是要在学习的时候能够高度集中注意力，这是提高学习效率的根本保证。

真正聪明的孩子往往表现得大智若愚。这恰恰是因为他们对那些"东家长，西家短"的事情并不关心，他们的脑子里想的是更大更有意义的事情。

不会控制自己思维的孩子，在学习的时候往往很容易走神，思维一会儿在书里，一会儿在别人身上，一会儿在动画片里。这种不能专注的学习行为一旦养成习惯，就会造成孩子学习效率低下的毛病。于是慢慢就陷入每天看起来学得很辛苦，时间精力没有少花，可实际收获却很少的恶性循环中。

所以，我对那些小学阶段就要通过熬夜才能做完作业的孩子，无一例外地建议他们的家长要在教孩子控制思维能力方面下大功夫。

| 教孩子控制思维的步骤 |
| --- |
| **第一要教孩子学会摆脱脑子里的各种杂念，让自己能够很快入静**<br>如果孩子的脑子里一边想着乱七八糟的事情一边学习，那就像在杂草地里种庄稼。摆脱杂念就是把无关杂物祛除得干干净净，以便集中所有的"地力"种好我们想种的东西。这是一项很重要的入静技能，后面我们有专门的方法介绍。 |
| **第二是在入静之后，教孩子进一步全神贯注于一个学习目标**<br>这就像放大镜把光束聚焦在一个点上一样，要让孩子把自己的思维集中到一个学习问题上。古人说："制心一处，无事不办。"王蒙说所谓的天才就是能够集中精力于一处的人。高度专注、高度集中的学习方式是保证高效率学习的唯一方法。 |

# 教孩子一个静坐的方法

静坐，静心安坐的意思。儒道佛及瑜珈都强调，学习之人要从静坐入手，培养自己的定力和入静功夫。从现代医学的角度来看，静坐能使人的呼吸和脉搏得到调整，思维对象得到净化，进而使身体和心理变得和谐安宁。

让普通的孩子学习静坐，不带宗教色彩，目的只是借助这种形式的训练，达到排除杂念、收敛精神、凝聚思维的效果。曾国藩也告诫家里学习的孩子，要每日静坐。他说："每日不拘何时，静坐一会，体验静极生阳来复之仁心，正位凝命，如鼎之镇。"孩子如果掌握了这个技巧，将终生受益。下面向家长推荐一个简单的静坐方式，你学会之后可以把这个方法教给孩子。

## 超觉静坐

瑜珈派的超觉静坐是由印度教士马哈瑞希在上世纪60年代所创。之后被哈佛大学医学院教授宾逊加以简单化和科学化，使原本带有神秘色彩的超觉静坐，变得简单易行。由于超觉静坐实施方便，近年来随着瑜珈的盛行而在世界各地流行，听说单在美国就有超过百万人在练习。

以下是宾逊所列的练习超觉静坐所要遵守的四个要点与六个练习步骤：

（一）超觉静坐的四大要点

1. 静坐内外环境均须安静：内环境指个人的心境，外环境则指自己所处的外在环境。

2. 静坐时必须先确立一个使注意力集中的目的物：该目的物可以是重复的一个单字或一种声音，也可以是一个抽象的图形。目的在于使自己意念集中，不为外部事物分心。

3. 静坐时必须保持被动的心态：摒弃一切杂念，要心如止水，无所思，无所欲，静候心灵被动的自然起伏。

4. 最后，也是最重要的事项是，保持身心安适。静坐者永远遵循的八字诀则是：轻松、舒适、安静、自然。

（二）超觉静坐的六个步骤

1. 在安静的房间内，盘腿坐在垫褥上。双手手心朝上，自然叠放在小腹前。房间的灯光必须柔和，不要太亮。

2. 闭上眼睛。

3.尽量放松全身肌肉，尝试先从脚部开始，然后自下而上，一直放松到头部。

4.用鼻子呼吸，并使自己感觉到空气从鼻孔出入。在每次呼吸时，心中默默数"一"，如此进行20分钟后，自行停止。睁开眼睛看看时间（预计每次20分钟），但切记不用闹钟。停止后，再轻闭眼睛休息一两分钟，一段练习，即告停止。

5.只要保持练习，不求急功，不必担心是否有进步。身心一时不能随心所欲达到深度放松的目的，也不必着急。只要坚持练习，继续遵守前面四大要点中第四要项的八字诀，最终都会获得静坐的效果。

6.每天练习一次或两次，但练习的时间最好在饭后两小时后。

## 能做到动静转换自如才是最好的

一部分家长总嫌自己的孩子太好动，安静不下来；又有一部分家长抱怨孩子"太蔫儿"了，意思是静过了头。经常有人问我究竟是让孩子文静一些好，还是活泼一些好。

我的观点是，需要孩子活跃的地方，他越活泼越好；需要孩子安静的地方，他越安静越好。

所以，单纯讨论"文静好"还是"活泼好"没有意义。我观察孩子的时候关键是看孩子能否做到动静转换自如。最理想的孩子是动如脱兔，静如处子。需要他活跃的时候他立刻就能兴奋起来；需要他安静的时候，则马上使自己变得宁静专注。

这才是最好的，也是最适合学习的。家长培养孩子的方向当然也就在此。

在这两种转换中，由静到动一般来说比较容易，而由动入静就比较困难。所以，家长关键要培养孩子由动转静的能力。而通过教孩子练"超觉静坐法"来提高他们由动转静的能力，显然是一个好方法。

这种静坐其实很简单，建议家长自己先练两个月，等有了经验体

会后再教孩子练。

# 法宝三：让孩子学会每天激励自己

我曾经在上课的时候向家长提问：怎样才能使孩子做事有恒心？有人回答说："要培养孩子的意志力、毅力。"我说这个回答还显笼统。请问意志力又从哪来呢？下面的家长多半不吭声了。

其实人的意志力来源于他内心的信念，不同的信念决定了人在不同的方面表现出来的意志力。信念的强弱决定了意志力的大小。

举例来说吧，有个我认识的妈妈认为让孩子吃营养餐对他们的身体发育至关重要，而且她还认定外面的食物既不干净又没营养。于是她每天不仅像抓药一样给孩子配料，而且起很早给孩子做专门的营养餐，春夏秋冬从不间断。

另一个妈妈，认为让孩子学音乐最重要，她省吃俭用存钱给孩子买钢琴，请名师，可谓不惜代价。但这位妈妈从不认为孩子吃饭是什么大事，早餐都让孩子在上学的路上解决。

"营养妈妈"非常钦佩"钢琴妈妈"的意志力，说自己做不到几年不添一件新衣服，不买一瓶像样的化妆品，却把钱花在请钢琴老师身上。她由衷地赞叹"钢琴妈妈"。而"钢琴妈妈"也说"营养妈妈"非常有意志力，多少年为孩子亲手做饭，悉心照料。她自己这个当妈的很是惭愧，因为她早上总想多睡一会儿而把孩子打发到街上去吃。

两位妈妈在不同的方面表现出不同的意志力，根源就在于她们有着不同的信念。

所以，要想"营养妈妈"像"钢琴妈妈"一样重视音乐教育，就得让她对音乐的重要性产生一种信念。反之，要让"钢琴妈妈"每天早起做早餐，就得让她对营养餐的必要性有认识。

尼采说："对于缺乏意志的人而言，最渴望、最需要的莫过于信念了。"当一个人胸中生出一种信念的时候，他的行为就会表现得坚定而有力。

所以，当孩子对所学的内容坚持不住的时候，家长除了自己给孩子打气外，还要让孩子学会自我激励。自我激励的本质是强化孩子的信念。

可以说"四步法"的第一步强调立志，等于是给孩子的思想列车打了火，而不断地激励自己，就是给启动起来的火车炉膛里不断地加煤。光立志不励志，孩子心里的那团理想之火很快就会熄灭。

## 张飞给刘备的忠告

临近六月的一个深夜，三国中学毕业班宿舍的灯还亮着，刘、关、张几位同学正趴在桌上复习功课，他们在准备迎接高考的到来。刘备看了一眼墙上的钟，忍不住叹了一口气说道："唉！今天状态不好，背书背不进，做题做不出。这苦日子到什么时候是个头啊！"说完又是一阵叹息。

看着整晚愁眉不展、唉声叹气的刘备，张飞终于忍不住说："够了吧！老大。这已经是你第八次叹气了。一晚上搞得我们大家都难受。你整天一副受虐者的苦瓜相，能复习好吗？"

关羽也说："刘备，不是我们说你，你必须积极点儿。人是精神性的动物，一旦精神抖擞起来，潜力就会无穷大，不会做的题也会做了。像你这样整天闷闷不乐、萎靡不振的，会做的题也做不出了。"

刘备又叹了一口气，说："我也想积极呀。可是，不知怎的，我就是做不到。"

张飞听罢，"啪"的一声把手里的钢笔拍在桌上，伸手拿过两只玻璃杯，给里面倒上清水，又从墙脚抓了一把灰尘撒在其中一个杯里，问刘备："看见没有？我是一杯清水，所以我无忧无虑。你呢，一杯浑水，整天灰头土脸。你说，用什么办法可以让这杯浑水清澈起

来呢？"

刘备说："让我想想，应该可以用两种办法，沉淀法或过滤法。"

正在看《高三物理》的关羽把手里的书放下说："阿飞的意思，清水代表积极，浑水代表消极。"他起身走过去扶着刘备的双肩继续道："沉淀法意味着你把那些忧郁藏在心底。但有时候你以为自己淡忘了，可没想到稍有个风吹草动，就又会勾起你的满腹心事，忧郁又会弥漫你的心房。故，沉淀法不足取。"

刘备扭过头问："那么，过滤法呢？"

关羽说："过滤法听起来不错，但实际操作起来有两个问题不好解决。滤网格子太大起不到过滤效果；格子太小又会阻碍你对新事物的接收。"

刘备问："难道你们还有别的好办法不成？"

张飞说"当然"，说着端起那杯浑水拉着刘备进了卫生间。张飞把水杯放在水龙头下，拧开水源。在一股清流的冲击下，杯子里的浑水不断地被稀释、充溢了出来。不到一分钟，那杯浑水已经完完全全变成了清水。他对刘备说："看到没有？水龙头里的水代表积极、快乐、有活力的思想，它能稀释你的烦恼、冲走你的困惑、排除所有消极的东西。你必须去选择那些积极的思想不断地冲洗自己的心灵。这样才能让自己的心境始终保持清澈、明亮。"

刘备说："这我明白，流水不腐么！"

"但我更想让你明白的是'不流的水一定会腐'，只要你不每天激励自己，不让积极的新思想灌进你的脑子里，过不了多久，人的本性就会使你慢慢消沉下来。"张飞认真地说。

"不论现在你杯里的水如何清澈，只要放一个星期不管，发霉是肯定的。"关羽站在他们身后补充道。

"这一点我以前好像忽略了。看来除了忙功课外，我每天要规定一段时间专门用来激励自己。"刘备说。

"这个必须有！按一位大师的话说就是'每天要看一小时使自己

心灵起飞的书'。依我的经验，每天先保证让自己进入一个好的状态，比垂头丧气地瞎学重要得多。你看你，今儿一个晚上都是唉声叹气，学习效果能好么？还不如先花一小时让自己振奋起来，之后的时间你会事半功倍。"张飞说道。

刘备说："你们知道，我虽出身贫寒却始终没有放弃努力。可不知道为什么，我的注意力很容易被转移，情绪很容易陷入忧郁，这让我没法积极起来。"

张飞说："是的，在我们努力干的过程中，免不了会感到压力、痛苦、失落甚至是恐惧，这都正常。但是，关键是你不能让这些短暂的情绪左右了你整个人。你必须动用男子汉的理性让自己始终保持积极，不要让一颗老鼠屎坏了一锅汤。"

刘备说："可我到哪儿去找源源不绝的积极思想呢？"

张飞说："其实很简单，只要你不怀疑，那些伟人传记、哲文名言、理想憧憬、家人期待等等，甚至就是一句简单的座右铭，都能够源源不绝地激荡你的心灵。可是，只要你心生怀疑，那就完了。怀疑就是不把杯子拿到龙头下面去，只要你因为怀疑而变得畏缩，那些积极的思想对你就全没用。而尘世间的种种烦恼、婆婆妈妈的琐事，就像灰尘一样，把你的清水变成浑水。"

"培根好像说过：怀疑生犹豫，犹豫生动摇，动摇生失望，失望生失败。怀疑是失败的前因。"关羽又在身后补充道。

刘备开颜笑道："你们算说到点子上了，我的内心的确总是充满了怀疑，这正是我无法全情投入的原因所在。这样吧，阿飞，麻烦你把刚才的那一番宏论归纳成几句话，写成一幅字，我要把它挂在床头。"

"好哇！"张飞慨然应允，立即回到寝室，铺纸研墨挥毫，写道："每天激励自己，始终保持积极，切忌怀疑。"
（部分文字源自成君忆的《水煮三国》）

## 让孩子保持住学习的状态，比学习本身还重要

再总结一下，学习是一种复杂的心理活动，而不仅是一种外在的形式。不论大人还是孩子，都是先失了学习的心、没了专注投入的状态，才逐渐中断学习的计划。

所以，想使孩子在学习上能持之以恒，家长就要在保持最佳的学习状态上下功夫。让孩子学会保持良好的学习状态，有时比学东西本身还困难，也更重要。状态一失，再简单的东西也学不进去。**让孩子学会控制情绪、控制思维，并不断激励自己，根本的目的就为保住学习状态。**

与人交际时，我们会说"态度决定一切"。但对自己来说，那就是"状态决定一切"。家长要先抓孩子的状态，再抓学习。引导孩子控制住自己的情绪，养成高度集中注意力的习惯，同时天天自我激励，这些习惯和能力有了，对孩子来说不论是对现在的学习，还是对将来的工作，都会受益无穷。

另外，家长不能等到孩子完不成学习任务、中断了学习计划后，才想着怎么解决持之无恒的问题。家长应密切观察孩子的学习状态，防微杜渐有针对性地帮孩子解决具体的问题。

## 为学之道不外静敬

王永彬说："为学不外静敬二字。"意思是若能做到静和敬，学习就不是什么难事。程颢说"性静者可以为学"，反过来，性不静者难为学。当代教育家魏书生说："只要静下心来，80%的学生可以自己掌握教材里80%的内容。"但静不下心来的孩子就没这个本事。

到底何为静、敬？

简单地说："静者，心不妄动；敬者，心常惺惺。"惺惺者，警觉、清醒的样子。与"静"相反的状态是"躁"，思绪纷飞，心神不定，躁动不安；与"敬"相反的状态是"浮"，马马虎虎，有气无力，得过且过。

静敬相较，敬字还要深些。曾国藩有专门的论述，他说："敬之一字，孔门持以教人"，"程朱则千言万语，不离此旨"；"内而专静纯一，外而整齐严肃，敬之工夫也（内心宁静没有杂念，外表整洁恭敬，此乃敬的功夫）"。

我用现在的话说，"敬"指的是一种有目标、有追求的积极状态，不是混日子的心态。

另外，古人强调只有静和敬结合起来，才能搞好学习。只具其一还不够。有静行而无敬心，则学习缺乏动力；有敬心而无静行，则学习没有效率。

对于什么道理都明白，自己也想学好，但就是管不住自己的（即有"敬心"而不能"静行"）孩子，教育的时候可少讲大道理，多在"定"的方法上给以指引和训练。

对于表现为能坐得住，但缺乏学习激情，如和尚念经般对付功课的，即有"静行"无"敬心"的孩子，则要从激励上想办法。

怎样才能做到"静"和"敬"呢？

《大学》里说："大学之道……在止于至善。知止而后有定，定而后能静，静而后能安，安而后能虑，虑而后能得。"儒家认为，让自己安静下来的方法在于认清事物发展的规律，一步一步地来。

佛家认为："由戒得定，由定生慧。"对孩子们来说"戒"就是要"有所不为"，什么事都想干就什么也干不好。脑子里杂七杂八的东西装多了，心思就会乱，学习上就会分心。

从"四步法"看，静，由控制情绪和控制思维得来，求静之法，在于培养孩子自律的能力。敬，则由自我激励而来，求敬之法，在于教孩子学会每日激励自己。

对 话

## 家长有局限，督导有必要

家长

我想明白了一件事，就是如果你只想把孩子培养成一个普通人，那家庭教育也不是个太费劲儿的事。但是，你若真想把孩子培养成一个人物，有大出息的人，那得费很大的劲，德、智、体、美、劳方方面面都要兼顾到。

沈老师

教育孩子，往上，有一个难度；往下，有一个风险。往上的难度就是你说的这意思。但并不是说，家长不想让孩子当伟人，就不用在教育上太费心。非也！我见多了"问题少年"给家庭带来的痛苦后，就觉得教育还是个有风险的事。孩子出问题，父母轻则身心疲惫，重则苦不堪言。所以，"养娃有风险，教育需谨慎"。

家长

可一般的家长，像我们这样的，既没养娃的经验，又没有专业知识，靠什么保证教育孩子不出问题？先甭说成才，先说怎么不出问题。

沈老师

一靠学习。二靠寻求专业的帮助。互联网时代的降临，我觉得让社会竞争更加白热化。这种竞争更多体现在人才竞争上。而成人的竞争，又会像"堰塞湖效应"一样，很快传递到早期教育（家庭教育）上。所以，家庭教育会向更加严谨和系统的专业化方向发展。这对家长们的要求，会越来越高。

家长

这我都知道，我觉得我的主要问题是坚持不住。刚开始看书的时候，脑子很清醒，动力也足，但时间一长就……对这个问题，您有什么解决的好办法？

家长也是凡人，也会因各种原因，对孩子的教育有懈怠、消极、悲观的行为和思想。所以，若想要从机制上保证家庭教育的稳定性，就得寻求外力的督促和辅导。

沈老师

难道我可以请外人，监督我教育孩子？

家长

是督导，辅导和督促。很多家长请我当他们的家庭教育顾问，不就是让我起个辅导和督促的作用吗？

沈老师

您是怎么帮助家长的？我对这个可是很感兴趣啊！

家长

首先，会从教育思想和方法上给家长系统地上课，把科学的教育理念灌输给家庭成员。其次，结合孩子的特点，跟家长一起制订细致的家庭教育计划。第三，帮助家长执行教育计划，随时解决各种问题。

沈老师

这对我来说可是太重要了！家里主要是我一个人管孩子，但我自己做事也是缺乏耐心，所以，非常非常需要专家的指导和督促。我现在就正式聘请沈老师给我们家当教育顾问。

家长

非常荣幸。

沈老师

## 第四步，孩子在学习中体验到了快乐，家教才算成功

经常登山的人会有这样一种体验，经过千难万险，最终到达顶峰，则先前所付出的一切辛苦，都会在瞬间化为内心的充实与自信；相反，如果没能到达顶点而半途折返，这时虽然体力得以存留，但沮丧和不尽兴的感觉会萦绕心头。

学习也是一样，如果某项学习最后没能达到得心应手、游刃有余的地步，那这一次的学习就不会给学习者带来愉快的感受。

相反，不论经历了多少艰难痛苦，最终获得了成功，那前面所受的各种罪，都会变成孩子难忘而宝贵的回忆。这时候他们不仅不后悔自己所经历的一切，而且会把它视为是一个宝贵的经历，难得的体验，甚至炫耀的资本。

这就是为什么郎朗不抱怨他爸小时候管他太严，而感谢爸爸当年坚持的原因。反过来说，那些成年后"混得不怎么样"的人，反而容易抱怨父母。

"四步法"理论认为，学习如果没有达到"得心应手，趣味盎然"的地步，那就像挖井没挖出水一样，不论前面付出多少，结果都是失败的。当然，整个的学习过程是螺旋式上升，一个周期接一个周期地进步。

## 孩子的学习兴趣是靠大人引导和培养出来的

我经常听到家长说"孩子有兴趣的时候才能学习，千万不能强迫孩子学"，"要看孩子的兴趣在哪方面"，"看他自己的兴趣啦！我们尊重孩子自己的选择"。

家庭教育原本是成年人教育未成年人的一项事关重大的历史性工作。可在这些家长看来，两三岁、四五岁的孩子比大人更清楚他们要学什么，以及怎样学的问题。

其实在等待和强迫孩子学习之间，家长还有一条很宽很宽的路可以走，那就是引导孩子学习，帮孩子找到学习的乐趣。孩子的学习兴趣绝不是等出来的。守株待兔般地等孩子在某个方面产生兴趣，那是家长没有理解教育本质内涵的表现。教育就是要主动施教影响。

家长用"四步法"指导孩子学习的时候，除了教他们积极立志、教他们学订计划、教他们有效坚持外，还要教他们主动去找学习的乐趣。

就像曾国藩告诫子侄们的，学习上"须有情韵趣味，养得生机盎然，乃可历久不衰"。现代心理学的研究证明，人在学习过程中恰恰更容易体验到快乐的感受。什么都不干的孩子，其实是很难体会到快乐的。现在还不明白这个道理的家长，我建议你一定要仔细读读下面这篇美国心理学家写的文章。

# 人究竟在什么时候才感到快乐？

（美）杰瑞·伯格

什么情况下人会感到快乐？或者说，在日常生活中，什么样的事情会让我们感到很快乐呢？人本主义心理学家们对此有专门而深入的研究。

## 1.快乐体验

为了寻找问题的答案，研究者请一些人简单地描述那些使他们感到幸福的活动。这是由美国心理学家契克岑特米哈依（Mihaly Csikszentmihalyi）发明的研究方法。你自己也可以试一试。想一想全身心地投入到某一件事的时刻，那时感受到的不仅仅是快乐，更是一种享受，那时你正在做什么？

当契克岑特米哈依请人们回想曾经有过的这类经历时，有人谈到了爬山，有人谈到了打网球，有人谈到了做外科手术，有人谈到了写

作，等等。而当他要求人们用语言描述这些经历和感受时，发现有惊人的相似之处。

这些人都谈到自己当时非常投入，没有任何事情可以打扰他们。而且，所做的事情都具有相当的挑战性，要求全神贯注（爬山、做外科手术、做数学题都符合这些特征）。虽然达到目的时可以获得有能力的感觉，但是受访者们说真正的快乐感受是在过程中，而不仅在取得成功之后。

契克岑特米哈依指出，这就是"快乐体验"，因为有此体验的人都说，这时候他们感到内心非常和谐美妙，毫无焦虑感，而且时间不知怎么一下就过去了。契克岑特米哈依把这种体验称为涌动（flow）。

令人感到意外的是，"快乐体验"很少出现在人们休息和娱乐的时候。相反，"这种最美好的时刻，通常发生在完成很困难却又很有价值的任务时。此时的人，身心都达到了极限"。不同文化环境下的人，不同年龄的人，几乎都用相同的语言来描述这种"快乐体验"这种涌动的感觉。

在记录和分析了上千人次的"最满足和最愉快时刻"的描述后，契克岑特米哈依归纳出了快乐体验的八个特征。也就是说，当你干的事情有这如下几个特征的时候，就很容易产生"快乐体验"。

### "快乐体验"的八个特征

**1. 活动具有挑战性，且需要一定技能**
这种任务非常具有挑战性，需要全身心投入，但并不是困难到难以完成。

**2. 人的注意力完全被活动所吸引**
人们完全沉浸在自己所干的事情里，而且是自然而然发生的。

**3. 活动有明确目标**
不论是工作还是学习，都有明确清晰的努力方向。

（续表）

| |
|---|
| **4. 有清晰的反馈**<br>很容易知道自己是否已经达到了目的，哪怕只是一种自我认定。 |
| **5. 人只注意正在干的工作**<br>在全情投入的过程中，人会忘记生活中的其他事情，包括不愉快的。 |
| **6. 人获得一种个人控制感**<br>人在涌动中，完全可以享受个体控制环境的愉悦。 |
| **7. 人失去了自我意识**<br>注意力集中于活动和目标时，人和事水乳交融，心中没了自己。 |
| **8. 人失去了时间感**<br>往往几小时像几分钟一样地过去，但有时又是相反的感觉。 |

（作者注：各位如果用这八个特征对照电脑游戏，就能明白为什么青少年会沉迷于打游戏了。）

有时，我发现自己连续几个小时沉浸在写作中，对周围的任何事情都没有意识，非常专注于自己正在做的事情，常常听不到电话铃响或者错过重要的会议。当我在三四个小时之后终于停下来的时候，感觉似乎只过了 10 分钟。

**2. 日常活动中的快乐体验和幸福**

既然涌动体验能给我们带来欢乐，那么，如果能把这种体验纳入日常工作学习中，那就能够得到更多的快乐与幸福。

契克岑特米哈依认为，当我们在生活中找到有意义、有价值的事情，并全情投入的时候，真正的幸福感就会降临。也就是说，只有通过找到工作和学习中具有挑战性的目标，并努力去实现它，我们才能在实现的过程中，享受到快乐的感觉。

这些建议也特别适用于学生。研究人员发现，那些真正爱学习的

中学生并不是单纯想考高分，更因为从学习中能获得满足感。这些学生的分数也许并不特别高，但这些在学习中能够有"快乐体验"的学生，比那些单纯为了好成绩而学习的学生更愿意选择修更高级的课程，更愿意持久地学习。

总之，契克岑特米哈依的快乐观包含了许多传统人本主义人格心理学的基本内容。涌动体验要求人们生活在现实中，从"此时此地"的生活中得到最大的快乐。到达目的并不是终点，奋斗过程才能带来享受。幸福来源于控制自己的生活，而不是屈从于社会准则或他人的要求。在涌动体验中，人们强烈地感受到他们自己的经历。他们感受到能力感，并有发现了自我的感觉，与马斯洛提出的高峰体验类似，涌动体验也属于一种个人的成长。

（部分文字引自陈会昌等编译的《人格心理学》）

对于家长来说，要让孩子在学习上有"快乐体验"，就要给孩子的学习赋予"挑战性"，使之有明确的目标，有清晰及时的反馈，完成之后有成就感和满足感。这样就不愁他不上瘾。回想你的打牌经历，就明白上瘾的实质其实是享受那个过程。

## 学习这个游戏玩得好就会其乐无穷

找到学习乐趣的大原则是，让孩子始终保持积极愉快的人生态度。切记！是积极愉快的人生态度！同时让孩子明白，学习不过是生活中必须要玩的一种游戏而已，想办法把这个游戏玩得更好，你会发现快乐就藏在里面。

弘一法师说"心志要苦，意趣要乐"，很值得玩味的话。我更进一步的解释是："心志苦过，意趣才能乐。"不付辛苦，哪来乐趣？

曾文正公除了给儿子们说些"用功不可拘苦，须探讨些趣味出来"的大道理外，还常常给他们说些有趣的历史掌故、诗词的妙用、名家文章的比较等等，让孩子们真正意识到研究学问其实是很有趣的。

赖斯 3 岁学钢琴，她父母在她 4 岁多的时候就为她举办社区独奏音乐会，还经常安排她为教区的活动提供音乐伴奏。这些安排都极大地促进了小赖斯的学琴积极性，并使她充分享受到了学琴带来的快乐。

魏书生为了让学生们找到学习的乐趣，就让大家写《谈学习的乐趣》的命题日记，而且往往是同样的题目从"之一"写到"之十"，甚至"之一百"。逼孩子们搜肠刮肚地寻找学习的乐趣，让孩子充分强化自己所感受到的点滴快乐。

## 知之者不如好之者，好之者不如乐之者

孔子说："知之者不如好之者，好之者不如乐之者。"

用"四步法"来看，一个人的学习处于第一、二步的时候是属于"知之者"，因为那个阶段是靠思想认识来支持学习，是人的主观能动性在发挥作用，即知道应该要学。

学到第三步，"持之以恒，养成习惯"的时候就属于"好之者"了，因为学习者已初步养成了学的习惯，算是上道了。

等到了第四步"得心应手，趣味盎然"的时候，才算是"乐之者"了，这个时候学习者乐在其中，欲罢不能了。

仅就这个问题而言，孔圣人只讲了现象，做了个定义。而"四步学习法"的出现则详细阐述了从无知者到"知之者"，从"知之者"到"好之者"，再从"好之者"到"乐之者"的方法。

本人光大儒学的功劳不可谓不大矣！

# 用"四步法"教育孩子，要一气呵成

有人曾问我："书店里谈家教的书已是汗牛充栋，你这个'四步法'究竟有什么不同？"

我说，"最大的不同就是别人说的都是单招单式，而我讲的是一个完整的套路。"

还有家长跟我说："听某些老师的报告，感觉他们说的每一句话都有道理，听得也挺激动。但回到家里，面对自己的孩子就不知道该怎么办了。"

我说其中的原因，跟学打拳一样。如果你学的是独立的一招一式，那么，一旦对方不按老师说的出拳，你就抓瞎。

而"四步学习法"是一个主动去引导和教育孩子学习的完整套路。这个套路的每一步都是逻辑严谨，并且环环相扣，步步递进。不需要等孩子出招，家长完全可以从头到尾掌握教育的主动权。换句话说，就是要家长牵着孩子的鼻子走，而不是被孩子牵着鼻子乱转。

用"四步学习法"教育孩子，就是把孩子当成不会学习的人来对待。

开始的时候先鼓动孩子确定一个学习目标，家长要想方设法让孩子下定学习的决心。

紧接着，趁热打铁引导孩子制订一份切实可行的书面计划，进入勉强去干的实战阶段。

之后不久，99.9%的孩子会出现"没有恒心""缺少毅力"的症状，身为家长的你既不要大惊小怪，也不要大呼小叫。正确的做法是用早早准备好的"三大法宝"来帮孩子渡过难关。

引导孩子学习就像带孩子爬山一样，每达到一个新高度，都别忘了让孩子回头看看风景。最后，让孩子在得心应手的意境中，感受到学习带来的乐趣。

家长要有预谋、有计划、有准备地对孩子施教,从小事情入手,一次一次地用"四步法"来训练孩子。让孩子在一次又一次、一项又一项的学习过程中,逐渐领悟学习的规律,养成学习的性格。

盯住孩子成长发育的年龄段,想清楚教育的方向,抓住每个阶段的重点,用"四步法"有条不紊地落实教育。把这一切都做好,孩子的好习惯、好性格自然会慢慢形成,我们当父母的责任也就尽到。等过了青春期,我们就放飞孩子,让他们到广阔世界里去大展宏图。

# 用"四步法"教育孩子,要讲究对症下药

曾经有个熟人对我说,等孩子一考完试,就领过来和我谈谈怎么学习的事情。我说好啊。

但过了很久却没有下文。后又碰到熟人,问怎么没有来。熟人回答说:"这次考试孩子考得很差,他自己都感觉很丢脸,现在变得特别勤奋,早起晚睡,每天大部分时间都在拼命学习。"所以他就想,难得孩子这么刻苦一回,就先让他自己干吧!于是没再找我。

我说想学是好事,孩子受了刺激,学习的动力有了,但接下来的方法和节奏要掌握,不然孩子坚持不下去。熟人对我的话不以为然。

可过了没几个月又接到熟人的电话,说孩子又回到老样子了,问该怎么办。

所以,除了强调一气呵成外,还要在孩子的不同时期做到对症下药。不能像那位熟人一样,看到孩子下决心要学,就以为像听到"公主和王子从此过上了幸福生活"一样,"孩子从此变成一个爱学习的人了"。

引导孩子学习是一个很细致的工作,家长在孩子学习的不同时期,要有不同的工作重点,大概的情况可以参照下面的表格:

| 孩子的学习状态 | 家长对应的工作重点 |
|---|---|
| 孩子没有学习动力和热情的时候。 | 家长要先激发出孩子的学习欲望，在志向教育上下功夫，没有热情的时候不用忙着替孩子订计划。 |
| 孩子想学但显得急切忙乱，没有章法的时候。 | 家长要教他制订科学的计划，合理地分配时间，稳定持久地输出学习的热情。切忌一曝十寒的做法。 |
| 孩子的学习热情就像天气的变化，高兴的时候学什么都快，不高兴的时候什么都不学。 | 家长要教孩子学会控制自己的情绪，不做自己情绪的奴隶；并且要修炼到能够控制和调动自己的情绪，使它更好地为学习服务。 |
| 孩子学得很卖力，学习的时间也拖得很长，但效果却不怎么好，学习效率很低的时候。 | 家长的工作重点要转到教孩子学会控制自己的思维、学会用脑上。要让孩子在集中注意力上下功夫，找到在全神贯注中高效学习的方法。 |
| 学着学着，孩子的学习热情越来越低落，学习行为也越来越被动的时候。 | 家长主要的工作重点要转到教孩子怎样自我激励上。人类始终是在和好吃懒做的本性较劲，任何人心里只要稍有松懈，就会被懒惰控制。对孩子来说要天天激励自己才行。 |
| 孩子在各方面都表现平平，长期显得缺乏朝气和活力时候。 | 家长要从改变孩子的认识入手，用完整的"四步法"从头开始，从易到难，一件事一件事地要求和训练孩子。 |
| 孩子整体表现已经不错，但很明显，潜力还很大，孩子却知足常乐、不求进取的时候。 | 家长还是用完整的"四步法"训练孩子，先激发出孩子超越自我、更上一层楼的激情，使其产生出更远大的奋斗目标和志向，之后一步一步地去实干。 |

这也像修木水桶一样，先找到最短的一块板，改造它；之后不断地找最短的板，不断地改造。木桶的容量就会不断增加。

总的来说，"四步法"不是一次性用品，每个人在每个时期都可以使用。理想的人生是持续不断地螺旋式上升，孩子的学习能力"没有最好，只有更好"。

# 用"四步法"教育孩子，必须学会变换角色

**1. 在教孩子立志时——家长要成为一个理想主义者、鼓动者，要务虚一些，要讲求精神追求，要有长远眼光和布局。**

　　曾经有个搞装修的老板，也是三个孩子的父亲，对我说过这样一番话："我这一代说白了就是为吃饱饭而奋斗的，孩子们已经完全不用在这上面发愁了。我虽然说不清他们将来到底该干些什么，但我总觉得他们除了挣钱还必须比我有更高的追求才对。"这就是志向，摆脱了只看钱多钱少的格局。孩子代表着未来，我们要敢于梦想，敢于培养。"王侯将相，宁有种乎？"大师伟人不也是从一个一个的普通家庭里走出来的吗？

**2. 在教孩子制订计划时——家长又要马上变成一个务实主义者，变成保守派、现实派。订具体计划的时候家长要刻板认真、周密仔细，要把困难想多一点，把问题考虑复杂一些，把孩子的能力低估一点。**

　　订计划的时候孩子可以因为缺乏经验而异想天开，但大人要始终保持清醒理智，千万不要认为，只要在纸上给孩子列出一个学习计划表，一切美好的愿望就会自然而然地实现。这是天真幼稚没有经验的表现。

**3. 在孩子遇到困难想退缩时——家长要成为坚定有力的将军，决不允许手下出现逃兵败将。**

　　家长教育孩子的作用，很大程度上是要在关键时候平衡孩子的情绪。娃娃得意忘形的时候家长要理智清醒，要让他知道天外有天；娃娃悲观失望的时候家长要积极乐观，给他鼓劲打气。就像爬山一样，家长要站在高处引领孩子前进，而不是和他一起陷在短暂得失的情绪里。

**4. 在孩子的学习快要养成习惯，但还没养成稳固习惯的时候——家**

长要做理智清醒的医生或冷静的观察员，防止孩子因为盲目乐观而导致前功尽弃。千万不要因为孩子取得一点小进步就忘乎所以。

我们要知道，任何技能的学习，如果到不了"得心应手，游刃有余"的地步，那就绝不能算是真正掌握了、学会了。很多家长因为"尊重孩子"，所以孩子小有成绩狂妄不已的时候，他也以为从此万事大吉了；孩子遇到点困难挫折，消极悲观一蹶不振的时候，他又唉声叹气，万念俱灰。

**5. 在孩子的学习只有苦没有甜时——家长要成为指点迷津的高人，能让孩子体会到自己点滴进步的快乐。**

很多家长不在寻找学习乐趣上下功夫，却在抱怨学习痛苦上不遗余力。"中国的教育制度太差了""孩子们学习太受罪了"……似乎孩子不学习才是最幸福的事情。理性的人生态度是，打好你手上现在握着的这把牌。与其教孩子抱怨，不如带着孩子苦中找乐。

# 第三部分

# 制订一个家庭教育计划

# 关于家庭教育计划的概述

## 教育孩子，除了有原则和方法外还必须要有计划

家长作为引导孩子成长的教练，除了在思想上有清晰的思路、明确的目标，在教育过程中有行之有效的方法外，还一定要制订出一整套周密详细的教育计划。

不论做任何事，"有原则不糊涂，有计划不混乱"。想做好教育孩子这件大事，更是要原则、手段和计划三者兼备。

没有原则的家庭教育，肯定会使孩子一事无成；缺少具体计划的家庭教育，最终会变成纸上谈兵。

另外，飞速变化的孩子，稍纵即逝的教育机会，也决定了负责任的家长必须未雨绸缪，早早对孩子的教育进行科学合理的安排，如果是走一步看一步，那可能会造成凡事慢半拍的问题。

搞经济建设或许可以摸着石头过河，错了可以重来嘛。但教育孩子不能犯太大、太久的错误，因为我们无法让孩子重新长大一次。

## 只靠概念是教育不好孩子的

深圳一位很著名的高科技通讯企业老板说过这样一番话，他说经常有人建议他用一些中国传统哲学思想来管理企业，比如儒家思想、法家精神，以及《孙子兵法》《易经》的理论，等等。他说人们老是强调这些思想如何如何伟大，老是研究这些东西，这是不好的。

不好的原因不是因为这些哲学思想说的不对，而是从管理企业的角度看，它们显然是太笼统、太空洞、太缺乏可操作性了。这位企业家说："我们的目的其实非常明确，就是要创立一家适应 21 世纪发展的高科技跨国公司。从这个要求看，这些宏大的哲学思想帮不了我们，我们必须要找到管理跨国公司的具体办法，一些操作规程。"

后来这位企业家花几千万美元，请美国 IBM 公司做企业的管理顾问，让自己的公司从宏观到细节全面引入 IBM 的管理流程。当然，效果也是相当不错。如今，这家企业已成业界老大，发展速度令世界惊叹。

在家庭教育方面，我们经常可以看到诗一样美丽的观点，比如：

"播下一种思想，收获一种行为；播下一种行为，收获一种习惯；播下一种习惯，收获一种性格；播下一种性格，收获一种命运。"

还有：

"在赞美中长大的孩子，将学会微笑；在宽容中长大的孩子，将学会关爱；在鼓励中长大的孩子，将学会自信；在批评中长大的孩子，将学会自卑；在惩罚中长大的孩子，将学会暴力。"

还有更像诗的语言：

"对家长说：请您做阳光的家长，用您阳光的态度对待孩子，以您阳光的智慧发现孩子，把您阳光的思维教给孩子，让您的爱化为孩子成长的力量。"

"对孩子说：成为阳光孩子吧！以阳光的态度对待父母和祖国，以阳光的智慧认识别人，以阳光的思维努力学习，发奋图强，像优美、高雅的苍鹰，和谐地，自由地翱翔在理想的天空，请和其他孩子一起，构成这世界上最美的风景。"

客观地说，这些诗一般的论述，不仅美丽而且正确。但如果你仅仅依靠这些美丽概念来教育孩子，那效果恐怕不会太好，因为这些概念太虚了。作为家长——孩子的教练员，你还必须有更具体、更实际的教育方案和计划。就像企业家不能靠《论语》或《孙子兵法》来管企业一样。我这里所提供的家庭教育方案，就是给家长们一个具体的操作规程。有了这样一个操作方案，家庭教育方能够落到实处。

## 孩子们在学校表现上的差异，主要源自家庭教育的不同

在学校里，孩子们是用一模一样的教材，听相同的老师讲课，座位的差别微乎其微，但学生们的成绩却天上地下，根本的原因就在于孩子背后的家庭教育水平天差地别。

在我看来，青春期前的孩子，80％的学习能力、90％的心理素质是由家庭教育决定的。

这也是为什么小学、初中的老师动不动就要请家长，要经常和家长联系（有的小学要求家长每天填写"家校联络本"）的原因。

因为家庭教育承担着如此重要的责任，连学校老师都希望孩子的问题主要由家庭来解决，那么，每个家庭自然要有一个教育孩子的书面计划才行。

否则的话，就会造成家长依赖老师，而老师指望家长的两头不靠局面。

## 深圳天价幼儿园要面试家长

据《深圳特区报》2007 年 6 月 20 日报道：位于深圳豪宅区年收费 6 万元的"天价"幼儿园——深圳英皇国际幼儿园，在招生前要先"面试"家长，只有面试合格的家长才能带孩子来入园。该幼儿园负责人告诉记者，面试家长的主要目的是为了和家长寻找共同的育儿理念。

这是一家聪明的幼儿园，也是一家诚实的幼儿园。它没有宣传说不论孩子的家教状况如何，都能打包票教育好。其实孩子越小，家庭教育就越重要，而且无法替代。家庭教育如果一塌糊涂，那么单靠幼儿园是很难扭转乾坤的。

我经常给园长们鼓吹我的观点幼儿园有责任花一半的精力，给家长们普及正确的育儿知识。因为，如果家长不会教育孩子，那幼儿园教育的成果多半会被抵消掉。一般情况下，只有等青春期过后，孩子上了高中，家庭教育才会让位于学校教育。

## 长大了多玩，还是在小时候多玩？

沈老师，我们家重视孩子的教育，平时给他订的学习计划比较满，周末也安排了兴趣班。这样一来，孩子有时就抱怨没时间玩。他一抱怨呀，我就心虚。您说我这样安排对吗？  家长

你有没有观察到一个现象，现在的成功人士可不像过去的劳模了，他们不再把自己说成每天都辛苦，年年如一日的样子。现在的精英们，除了展现自己事业有成外，还喜欢说自己如何会玩。比如王石爱登山，俞敏洪喜欢骑马，谷歌的两位创始人，更爱玩些稀奇古怪的东西。而高管们，总去旅游胜地开会，借出差周游世界。  沈老师

过去讲默默奉献、任劳任怨，现在的成功人士讲究的是有文化，懂管理，会运动、会玩，这样才显得风雅。这世界不公平呐，往往是胜者通吃。  家长

不能说"胜者通吃"，他们有自己付出的时候和方式。美国就有人撰文，说那些小时候嘲笑别人只会学习不会玩，并把大部分时间花在球场和派对的学生，长大后多半要到麦当劳和加油站干临工，或者是给那些当初被嘲笑的对象们打工。所以，从教育的角度看这个问题，人的一生，往往在最初的十多年，就基本奠定了  沈老师

后几十年的发展空间。

家长

这个观点正合我意！再说，我给他的安排也不全是功课，还有音乐和体育。相对于英语和数学，钢琴和羽毛球不就是在玩吗？这比让他窝在沙发里打游戏、伤眼睛可要好太多了。

沈老师

对！另外，你们要在兴趣班的安排上做到动静结合，脑力与体力交叉，个体与集体活动相配合，并鼓励孩子在兴趣班里交到好朋友。这样就会让孩子既感觉好玩，爱去，也能学到东西。

## 关于"沈俊杰家庭教育指导方案"的介绍和说明

站在父母的角度，为全面培养和教育好自己的孩子，我们必须在身体健康、心理素质、学习能力和艺术修养等几个方面，全方位地、有步骤、有计划地安排施教。

还是那句话，"有原则不糊涂，有计划不混乱"。当我们把培养的目标清晰确定下来，再按照孩子的年龄和特点及家庭的条件和爱好，把关于心理、学习、健康和艺术类的活动，科学合理地安排好，做到不缺失、不急乱、不冒进、不拖拉。这样，**孩子就会随着时间的推移，天天有收获，月月有进步，年年有改变。**

接下来具体谈谈"沈俊杰家庭教育计划方案"的内容。

这份家庭教育计划从心理素质、学习能力、艺术素质和身体素质四个方面展开对孩子的教育。

把每一部分的培养教育内容具体化：

| 心理素质培养 | 学习能力培养 | 艺术素质培养 | 身体素质培养 |
|---|---|---|---|
| 1. 人格志向教育<br>2. 独立自主性培养<br>3. 抗挫折性培养<br>4. 规则意识培养<br>5. 交往能力培养<br>6. 情绪控制力培养 | 1. 阅读能力培养<br>2. 背诵能力培养<br>3. 写作能力培养<br>4. 计算能力培养<br>5. 专注能力培养<br>6. 思考能力培养<br>7. 订计划能力培养 | 1. 音乐技能培养<br>2. 书画技能培养<br>3. 文学素养培养<br>4. 综合审美培养<br>5. 礼仪礼节培养<br>6. 特色艺术培养 | 1. 良好的吃饭习惯<br>2. 基本体能的锻炼<br>3. 协调性的训练<br>4. 抗病能力的训练<br>5. 运动专长的训练<br>6. 审美意识培养 |

这张看似繁琐的表格，却能够把"教育孩子"这件老虎吃天的事情，变成日常具体的可执行工作项目。把家长从等孩子出问题再救火的被动状态，变为在教育孩子的事情上，有前瞻性、有科学办法、有计划和工作重点的内行教练员。

当我们把孩子的阅读能力、背诵能力、计算能力都大幅度提高后，孩子的学习水平自然就高了；当我们把孩子的自主意识、抗挫折能力、交往能力等方面都培养好了，他的心理素质就不会差。

如果孩子的学习能力很强，心理素质很棒，你想让他将来不成功都难。再进一步说，如果一个人不仅事业成功，而且又懂得欣赏和享受艺术，并且身体健康、喜爱运动，那么他拥有幸福的人生，难道不是一个必然的结果吗？

以下是一个完整的家庭教育计划表。

# 家庭教育计划表

| A. 心理素质的培养 | B. 学习能力的培养 | C. 艺术素质的培养 | D. 身体素质的培养 |
|---|---|---|---|
| ↓ | ↓ | ↓ | ↓ |
| 内容及意义 | 内容及意义 | 内容及意义 | 内容及意义 |
| 1. 立志和励志的教育 | 1. 阅读能力的培养 | 1. 音乐技能方面的培养 | 1. 养成好的吃饭习惯 |

（续表）

| 内容及意义 | 内容及意义 | 内容及意义 | 内容及意义 |
|---|---|---|---|
| 2.独立自主性的培养 | 2.背诵能力的培养 | 2.书画技能方面的培养 | 2.基本体能的锻炼 |
| 3.抗挫折能力的培养 | 3.写作能力的培养 | 3.文学素养方面的培养 | 3.平衡协调能力的训练 |
| 4.规则意识的培养 | 4.计算能力的培养 | 4.综合审美意识的培养 | 4.提高抗病能力的训练 |
| 5.交往能力的培养 | 5.入静专注能力的培养 | 5.礼仪礼节方面的培养 | 5.掌握两项拿手体育项目 |
| 6.控制情绪能力的培养 | 6.思考判断能力的培养 | 6.有家庭特点的其他项目 | 6.身体素质数据库的建立 |
| | 7.制订计划能力的培养 | | |

| 培养的原则和方法 | 培养的原则和方法 | 培养的原则和方法 | 培养的原则和方法 |
|---|---|---|---|
| 志向教育的原则和方法 | 培养阅读能力的原则和方法 | 培养孩子音乐技能及欣赏能力的原则和方法 | 教孩子养成好的吃饭习惯的原则和方法 |
| 培养独立自主性的原则和方法 | 培养背诵能力的原则和方法 | 培养孩子书画技能及欣赏能力的原则和方法 | 进行体能、体格锻炼的原则和方法 |
| 培养抗挫折能力的原则和方法 | 培养写作能力的原则和方法 | 培养孩子背诵诗词阅读名著的原则和方法 | 提高平衡协调能力的训练原则和方法 |
| 培养规则意识的原则和方法 | 培养计算能力的原则和方法 | 培养孩子综合审美能力的原则和方法 | 增加户外运动提高抗病能力的原则和方法 |
| 培养交往能力的原则和方法 | 培养入静专注能力的原则和方法 | 培养孩子社交礼仪方面的原则和方法 | 让孩子掌握两项拿手体育项目的原则与方法 |
| 培养情绪控制能力的原则和方法 | 培养孩子思考判断能力的原则和方法 | 根据家庭特色选定一些艺术技能进行培养的原则 | 建立孩子身体素质及健康状况档案的原则与方法 |
| | 培养制订计划能力的原则和方法 | | |

| 对应的详细计划 | 对应的详细计划 | 对应的详细计划 | 对应的详细计划 |
|---|---|---|---|
| 志向教育的详细计划 | 训练阅读能力的详细计划 | 学乐器学音乐的详细计划 | 按计划养成正确吃饭习惯 |

（续表）

| 对应的详细计划 | 对应的详细计划 | 对应的详细计划 | 对应的详细计划 |
| --- | --- | --- | --- |
| 培养自主意识的计划 | 训练背诵能力的详细计划 | 学绘画学书法的详细计划 | 日常体能锻炼的计划安排 |
| 培养抗挫折能力的计划 | 训练写作能力的详细计划 | 背诗词读名著的详细计划 | 训练平衡协调能力的计划 |
| 培养规则意识的计划 | 训练计算能力的详细计划 | 礼仪礼节教育训练的计划 | 抗病能力训练的详细计划 |
| 培养交往能力的计划 | 训练专注能力的详细计划 | 培养综合审美意识的计划 | 两项拿手项目的学习计划 |
| 培养情绪控制能力计划 | 训练思考能力的详细计划 | 家庭特色技能的培养计划 | 健康档案的详细做法 |
| | 训练制订计划能力的措施 | | |

# 特别提醒：父亲应该成为制订家教计划的主导者

　　特别强调父亲的作用不是因为歧视母亲，而是因为通常情况下，父亲比母亲更理性、更逻辑、更深刻一些。这些在制订教育孩子的全盘计划时特别需要。

　　建议母亲们承担起执行家庭教育计划的主要责任，因为细腻、认真、有耐心是妈妈们的长处所在。这样的分工对一般家庭来说，是最理想的安排。

　　中国传统教育思想认为父母的角色应该是"严父慈母"。这里面其实蕴涵着深厚的道理，比如对孩子要软硬兼施，感性和理性兼顾。

　　之所以称为严父，是因为父亲能够对孩子高标准严要求，能把孩子培养成有作为有出息的人。而这一切，光凭爸爸空想是得不到的。

　　父亲们必须在一生的一段时期里，严肃地思考教育孩子的课题，认真地谋划这件事。具体来说就是制订出一套完整的家庭教育计划。

不要说自己很忙没时间考虑教育孩子的事情。你难道比曾国藩还忙吗？看看曾爸爸在兵荒马乱、东征西杀中都不忘教育子女的事情，你难道认为自己比每天打仗的曾国藩都忙吗？你忙的事情真的比教育孩子还重要吗？

更何况，沈老师已经设计了一个比较完整系统的家庭教育计划方案，不用每个家长都点灯熬夜地从头想起，只要结合孩子的年龄和家庭特点，做一个引进就可以了。如果还有问题和困惑，需进一步的帮助，完全可以通过电话微信等方式咨询。都到了信息时代了！只要不搞封闭或自大，真想把孩子教育好，办法一定是有的。

## 家长要比老师想得更全面、更长远

家长

国家虽然提倡素质教育，让学生全面发展，但上高中、大学还是得考试，这样一来，谁要是信了宣传，整天只给孩子抓素质不抓应试，我保证孩子一定会遭殃。

沈老师

话不能这么说。关于高考和中考，你站在教育部长的位置想想，你能提出比这更好的选拔优秀生的方法吗？中国要克服应试教育的弊端，我看出路在家长，提升家长的见识和胆识，拓宽培养孩子的思路，应试教育的弊端会逐渐减小。

家长

中国教育有问题，学生和家长都是受害者。教育部门有病，却让我们家长吃药？能管用吗？

我们先说说判断教育好坏的依据。比方说，你问中学校长，他的学校办得好不好呀，他用最短、最有利的证据回答，该怎么说？

沈老师

那还用问！肯定是说他们学校中考和高考的成绩怎么样，升学率高不高。校长们、老师们都是铁路警察——各管一段。他们最在意的就是自己学校的升学率了。

家长

从这一点上看，只有父母在教育儿女时，才会更多从孩子长期和全面发展的角度考虑问题。换句话说，与学校老师相比，家长要更关心孩子毕业后走入社会的生存能力，甚至是将来与人相处、找对象的水平。

沈老师

当爹妈的任务真是任重而道远啊！都是上辈子欠的债呀。但是，想得再长远，那还不得是逼孩子好好学吗？难道将来要娶媳妇、要嫁人，现在就不用管了？

家长

所以我说要提升家长的见识嘛！你观察社会，是不是发现北大毕业生一定比深大的发展得好？拥有大学学历的人一定比只有中学学历的人收入高？

沈老师

这倒不一定。腾讯马老板不就深大毕业的？他手下怕有不少清华北大生和留学生吧？深圳很多自己开公司的低学历老板，挣的钱可比一般的研究生、博士生要多多了。

家长

对啊！社会跟学校是两码事。判断教育好坏的标准，应该看是否提升了学生服务社会的能力，而不仅是对教材的理解程度。相比老师、家长的关注点，更接近教育本质的诉求。

家长　所以，你认为提升家长的认识水平，才能抗衡学校的"一切为了提高考分"？

沈老师　对！家长应该把评估教育好坏的时间点，再往后移一移。移后几年你就会发现，高考也不是那么攸关生死，一本和二本之间也不是那么天差地别。人生路长，决定成败的因素很多，家庭教育要从"长远"和"全面"上多思考、多布局。

家长　话是这么说。我女儿期末考出前十，我几天都没睡好。升学压力大就顾不上想太远，先把眼前的试考好再说吧。不过你还是说说，怎样做才算是为孩子的"长远"和"全面"布局呢？

沈老师　就是要兼顾孩子各方面的发展，从身体健康、心理素质、学习能力、艺术修养四大项入手，养成吃苦耐学的性格，知识结构上力求三通（通文理、通古今、通中外），如果还能做到人情练达，擅长交往，那就更是杠上开花了。当然，前提是家长要坚信，越全面的孩子，未来的发展空间也越大。

家长　这都是说起来容易，做起来难的事。就时间和精力而言，怕是会顾此失彼。

沈老师　凡事要先确立一个清晰的原则嘛！家长在脑子里先有这么一个清晰的教育培养人纲，总比稀里糊涂每天只知道帮孩子应付考试好。

家长　你的意思是我们真不必太在意孩子的考分？

沈老师　关键是要弄明白为什么而学。知识是个立方体，教材是个面，考试是个点。如果认为学习就是为应付考试的话，就会把时间和精力，最大限度地聚焦在考点上以求高分。但这样学出来的学生，显然会"分高知识浅，将来难走远"。家长的眼界，决定孩子的起点。

家长

我觉得也是，现在的考试竞争已经到极致，学生们花大量时间去重复一个知识点，就为提高几分。有那些时间，应该多拓宽孩子们的知识面才好。

沈老师

老师的角色决定了他们希望学生的考试分数越高越好，但家长为孩子长远计，不应单纯以追求分数最高为目的。

家长

照你这个做法，代价就是，可能能上北大清华的书呆子，变成了多才多艺的深大生。

沈老师

哈！哈！哈！要我准确表达，就是家长与老师不同，不可把孩子的教育限在考点之内，要拓宽教育，全面培养，这更利于孩子长远的可持续发展。但是……但是也得两说，那些知识面够宽，但成绩不够高的学生，也要花时间去提升一下应试水平。因为不擅于考试的学生很吃亏，会失掉很多机会。

家长

八面玲珑的沈老师，两头的话你都说了。

沈老师

针对孩子的不同时期，家长要有教育上的阶段性侧重。临考之前肯定还是要抓应考，平时则多抓广泛性。这得联系实际去安排。

# 培养孩子心理素质的计划

## 关于培养内容部分的介绍

　　这一部分的全称应该是"人格及心理素质的培养"。我们也可以把这整个部分理解为对孩子德行的培养、人生观价值观的培养、自我觉醒意识的培养。

　　通过这方面的教育和训练，我们要让孩子在成年之前，尽快搭建起他们的思想人格架构，使他们确立自己该做个怎样的人，该有怎样的人生追求。

　　具体来说，这部分由6个方面的内容组成。

---

**人格及心理素质的培养内容及意义**

**1. 立志和励志方面的教育**
立志教育是人格教育的基础，它决定了孩子的思想格局、做人标准和人生追求。人格教育的最终目的是使孩子们成为有"独立之精神，自由之思想"的人。励志教育则是教孩子学会长期不断地激励自己，让自己始终保持旺盛的生活热情。

**2. 独立自主性的培养**
就是把孩子按一个具有独立人格和责任心的人来培养，把孩子当成一个懂事的小大人来培养。这也是蒙台梭利教育思想的核心理念。

**3. 抗挫折能力的培养**
家长要通过"苦其心志，劳其筋骨"的训练，来磨练孩子的意志，让他们去掉娇气，摆脱脆弱；让他们养成乐观积极、坚韧执着、胸襟宽广的性格特征。形象些说，就是要把孩子培养成一棵独立的小树，而不是一株须臾离不开大人的爬藤草。

---

（续表）

| 人格及心理素质的培养内容及意义 |
| --- |
| **4. 规则意识的培养**<br>就是让孩子从小明白他所生活的环境是个充满规则的社会，要学会在遵守规则的前提下尽力施展自己的本领。这部分还深入讨论了惩罚孩子的问题，能不能惩罚、怎样惩罚等。 |
| **5. 交往能力的培养**<br>就是培养孩子善于和各种各样的人打交道。商业社会和农业社会相比，最大的不同是人的生存状况很大程度上是由人的交往能力决定的。这部分还强调要教孩子识人，不能要么全信，要么全不信。 |
| **6. 控制情绪能力的培养**<br>儒家强调的修身，用现代心理学的观点看，很重要的一点就是要学会控制自己的情绪。让孩子学会控制自己的情绪，这不仅有利于他小时候的学习，而且有益于他将来做事。这部分有理论、有方法，还有名人典故。 |

如果家长光知道这些内容对孩子"简直太重要了"，却不知道该怎样去培养，那还是无济于事。所以，接下来就要弄清楚怎样培养，也就是培养原则和方法的确立。

# 毁掉孩子的教育方法——高自尊，低技能

沈老师，我跟您分享一个教育孩子的真实故事。

家长

先谢过！我很愿意收集一些生活中的真实案例。

沈老师

我有个湖南乡下的亲戚，一共3个孩子，前面俩女儿，后面超生个儿子。儿子出生后全家大喜，上至奶奶，下至姐姐，都对这小男孩娇惯得厉害。我记得那孩子4岁多时来过我们家，简直是一

家长

点规矩都没有，无法无天，他爸妈根本管不住。

沈老师

到青春期后，也就是初中之后，情况怎么样？

家长

简单说，就是衣来伸手，饭来张口，好吃懒做学习差。因为不爱念书，所以，初中一毕业就成了个游手好闲的家伙。更可气的是，这男孩很讲面子，小时候要穿新的、好看的，大了还要名牌，说不这样的话，他觉得丢人。

沈老师

他们的家境怎么样？

家长

很一般啦。但因为家里比较溺爱，所以，两个姐姐出去打工，寄回去的钱都紧着他先用。初中毕业，他的很多同学也出去打工了，他试了几回，都嫌苦、嫌累，很快缩回家去。这孩子还有个毛病，就是脾气大，别人说不得。亲戚们对他好的地方他记不住，但谁要说他一下，不得了！马上记仇，再不理人了。

沈老师

家长要想毁掉一个孩子，最简单的办法就是，让他变成一个"高自尊，低技能"的人。

家长

正应了你说的这个——"高自尊，低技能"。按说在农村，爹妈文化不高，孩子学习不好很普遍，男孩子嘛，只要心态好，积极热情，吃苦耐劳，可以干的事还是很多的。但他不，一是懒，什么都不愿意干；二是病态自尊，受不得半点气。家里让他学手艺，花钱拜了个师傅，但不到一星期就跑掉了，说师傅骂他了。他除了给家里人耍横，没其他本事。

从家庭教育的角度分析，因为家长从小什么都不让孩子干，没任何技能方面的训练，久而久之孩子也就什么都不会干、不愿干了。城里的孩子不干家务，往往是把时间精力花在学业和兴趣班上，将来可以吃白领的饭。但农村孩子，若学业上没机会，兴趣班没条件，又不干家务和农活，就等于把孩子的动手和吃苦能力都给废掉了，这些农村娃娃们的命运堪忧了。
沈老师

完全被您说中了！复杂体面的工作不会干，简单辛苦的他又不愿干。最后发现，他最愿意干的事就是打牌赌博，既轻松又有面子。可就是苦了他爸妈和两个姐姐，好不容易赚的钱，被他轻轻松松送赌场了。
家长

现在的情况怎么样？
沈老师

现在已经三十多岁了，家里给娶了老婆，生了孩子，但好吃懒做坏脾气，老婆受不了，长期打工不回家还闹离婚。可怜我那七十多岁的姑姑、姑父，还要负责孙子全部的生活和教育。唉！
家长

一子未教好，连累三代人。
沈老师

沈老师您说说，家长怎么才能避免"高自尊，低技能"的现象？
家长

孩子的一些性格特质，比如做事的耐心程度、吃苦精神、追求完美的习惯，等等，光靠家长空口白牙说是培养不出的。王永庆说他小时候，妈妈要他做很多家务事，他认为在做这些事的过程中，他被训练出了勤快、有耐心、能吃苦的基本品格，这为他之后的创业，奠定了最重要的人格基础。我所说的"技能"，泛指各种训练，包括做饭、洗衣、干农活，等等。
沈老师

家长

您这么一说，那城市里的孩子，岂不都完蛋了？没家务可干啊！

沈老师

发达国家早就出现这种情况了，所以，"贵族"要通过学习艺术来训练孩子嘛。我主张城里的孩子要长期坚持学乐器、绘画或体育项目，从本质上说，全身心把某个艺术和体育的技能练好，同样也可以达到训练孩子品格的目的。

家长

这个道理你一说，我也觉得很简单，孩子从小就松松垮垮地过，既不承担一点责任，也从不想着把任何一件事尽心竭力地做好，长大后，除了游手好闲，还能有其他可能吗？

# 关于培养原则和培养方法部分的介绍

| 人格及心理素质的培养原则和方法 |
| --- |
| **1. 对孩子进行志向教育的原则和方法**<br>志向教育属于人文教育、思想教育的范畴，而进行人文教育和思想教育的最有效、最方便的办法就是让孩子大量阅读名人传记、历史故事等立志励志类的图书，以及背诵一些格言警句。立志教育的重点是不断地让孩子确立更高的奋斗目标；而励志教育则是学会每天激励反省自己。 |
| **2. 培养孩子独立自主意识的原则和方法**<br>原则就是蒙台梭利提出的"三个自己"——让孩子"自己的事，自己负责，自己解决"。方法就是沈俊杰的"五个自己"——放手让孩子"自己体验，自己尝试、自己判断、自己总结、自己进步"。只要是孩子能做的事情，就尽量让孩子做；只要是孩子应该做的事情，就让孩子自己做；只要是孩子愿意做的非有害的事情，就尽量让他尝试着去做。 |
| **3. 培养孩子抗挫折能力的原则和方法**<br>家长要故意让孩子遭受失败和挫折，以此来培养他忍受痛苦、克服困难重新再来的坚韧气质和习惯。就像高明的将军能够训练出勇敢的士兵一样。 |
| **4. 培养孩子规则意识的原则和方法**<br>从小给孩子制定一些明确的行为规范，让他脑子里明确"这世上有我不能干的事情"和必须遵守的规则。要让孩子明白，无法无天、蛮不讲理，不仅行不通，而且是会受到惩罚的。在遵守规则的前提下，让孩子尽情发挥自己的能力，释放自己的能量。 |

（续表）

| 人格及心理素质的培养原则和方法 |
| --- |
| **5. 培养孩子与人交往能力的原则和方法**<br>原则就是尽量让孩子自己多和其他小朋友相处，大人不要过多帮忙和干涉。让孩子自己体会和掌握与不同人相处时该有的那种分寸感。方法就是大人们要保持足够的耐心和开放的心态，多给孩子创造交往的机会，多支持他们的这类行为，哪怕孩子有时会吃些亏、受些委屈，大人也不要轻易去干涉。让孩子在真实的感受和体验中慢慢领悟和掌握交往的方法。 |
| **6. 培养孩子情绪控制能力的原则和方法**<br>先从观念上给孩子强化一个概念，自己的情绪是完全可以控制的。（见本书第一部分）其次，按照逐步递进的方法来教孩子控制自己的情绪，并且，最终掌握让情绪帮助自己学习的方法。 |

# 关于具体培养计划部分的介绍

| 人格及心理素质培养的详细计划 |
| --- |
| **1. 对孩子进行志向教育的详细计划**<br>把志向教育的相关内容有机地结合到孩子的阅读计划、背诵计划和每天的日记里。换句话说，孩子每天的阅读、背诵和日记内容并不是胡乱安排的，而是要有目的的。 |
| **2. 培养孩子独立自主意识的详细计划**<br>制定一个教育孩子的原则，规定哪些事情是必须让孩子自己去干的，遇到孩子的哪些行为，家庭成员应该怎样处理等。比如，三岁的孩子必须自己穿鞋；孩子全情投入玩儿的时候，家长不要过多干涉等，诸如此类。 |
| **3. 培养孩子抗挫折能力的详细计划**<br>每个月至少要让孩子经历一件由失败转胜利、由压力变快乐的事情。一年里让孩子经受几次痛苦和失意，告诉他人生就是这样五味杂陈，不要指望事事顺意。要珍惜孩子遇到的每一次挫折，家长不要总是替孩子摆平所有困难。 |
| **4. 培养孩子规则意识的详细计划**<br>给孩子制定一些具体的行为规范，能干什么、不能干什么尽量事先规定得清清楚楚。同时，给家庭每个成员也规定好一些原则，比如遇到孩子大哭大闹提要求的时候，即使是合理的要求，也不能满足，必须等他平静下来，好好说了才能应允。 |

（续表）

| 人格及心理素质培养的详细计划 |
| --- |
| **5. 培养孩子与人交往能力的详细计划**<br>从时间、场合、机会上保证孩子有交往的对象，并且对交往的状况有一个分析和总结，以便让孩子不断提高。 |
| **6. 培养孩子控制情绪能力的详细计划**<br>有计划地让孩子背诵一些控制情绪、修身养性的格言，阅读一些有关这方面的书籍文章，包括正反两面的典型。教孩子通过静坐、瑜珈、气功等手段，用调整呼吸和身体姿势的方法来平复自己的情绪。 |

# 林黛玉、尚文婕与火箭、卫星

　　林黛玉和尚文婕都属于学习很好的才女。尚文婕不仅歌唱得好，而且还是复旦大学法语系的高材生。据她的老师讲，尚文婕在口语翻译方面的水平，可以排进上海前五名。林黛玉也不含糊，在贾府海棠诗社举行的写菊花诗歌大赛上，她以一首七言《咏菊》力拔头筹。林黛玉的知识面之广，学习能力之强在贾府的年轻人里无人能比。若放在现在，保送北大清华不是难事。

　　但抛开才华不论，从心理素质再观察这两个人，那就天上地下了。黛玉的人生观，基本上是以消极和悲观为主。因此，她的情绪在多数情况下是哀怨的。遇到任何事情，她都习惯先把自己当成一个受害者。比如有人给她送花，她先想到的是"谁先拿的？为什么我最后才拿？"这样，她会把本来是送花与得花的喜事，弄成有人在欺负她的丧事。

　　尚文婕则大大地不同。从她参加超女比赛的过程看，颇有孙中山"愈挫愈勇"的精神。2006年4月，她先去了杭州的选拔赛，结果早早被淘汰。5月，成都开赛她又易地再战。这次虽有进步，但也被挡在十名之外。6月，广州开赛，她再下羊城。虽然屡败但却屡战。可能老天爷也受不了她这么几次三番地折腾，终于，尚文婕以广州区亚军的身份晋级全国的十强赛，并获得2006年超女比赛的冠军。她的

194

星光闪了众人的眼。

现实中很多学习好的孩子，往往容易染上林黛玉的心理特征——敏感、羞怯、脆弱。从现象上看，就是很容易为一点小挫折和小失败而情绪低落，甚至哭天抹泪；听不得任何反面意见，别人的话稍微说重一点，就会受内伤。但这些孩子又因为功课不错，家长老师就诚惶诚恐，百般迁就，不敢正视问题。

其实一个人的综合能力就像航天技术，才华代表人造卫星的水平，心理素质是火箭的水平。卫星如果没有足够强大的火箭把它送入太空轨道，那技术再先进也派不上用场。尚文婕的心理素质极佳，这就像火箭的推力特别强大，能够不断把自己送入更高的人生轨道。这种能力不仅为自己赢得了更多的机会，而且能更大限度地发挥自己的才能。与之相反，林黛玉型的才子才女们，往往因为怕失败、怕丢面子，对那些不稳妥的、没把握的事情是不敢去干的，冒险的活动就更甭提了。这就如同一颗本来能够在太空发挥作用的通讯卫星，却因为运载它的火箭太弱，最后只能放在老乡的房顶上当天线用。

我们大概可以发现这样的规律，天分较高，但心理素质较弱的人，最终和那些天分一般，但心理素质很好的人，"混"得境况差不多。人群中真正拔尖的是那些天分极高，且心理素质很好的人。

所以，我要提醒那些学习好的孩子家长，不要以为让娃娃考入重点大学就万事大吉了。要明白，才学和心理素质对孩子的成功各有各的作用。知识水平高对一个人固然重要，但承载学问的那个灵魂是否是充满激情与活力、是否坚不可摧其实更重要。为了孩子的可持续发展，家长必须要有目的、有步骤地去培养孩子的心理素质，特别是在心理素质形成的关键期。

# 培养孩子学习能力的计划

## 关于培养内容部分的介绍

通常所说的学习能力是一个笼统的概念，实际操作中可以把它细化为阅读、背诵、写作、计算等具体的能力。

当我们把孩子的这些细分能力培养好的时候，他的学习能力自然而然也就提高了。反过来说，如果孩子没有把这些细分能力掌握好，那么家长再怎么"想"让孩子学习好也是不可能的事情。

家长用"四步学习法"把孩子的这些单项技能，一样一样地培养好，从不会到会，从会到好，从好到精……朝"会、好、精、绝、化"的方向去努力。

---

### 学习能力的培养——内容及意义

**1. 阅读能力的培养**
阅读能力对孩子学习和成长的意义，就像是吃饭对身体健康的影响一样。在家教计划的电子文件里，我收集了很多关于阅读的重要性的名人名言和相关论述文章，关心这个问题的家长可以看看。

**2. 背诵能力的培养**
培养孩子背诵能力的重要性，始终不被很多家长所重视，而这恰恰是 20 世纪初鲁迅、胡适等大师辈出的重要因素。我在电子文件里链接了很多相关的文章和资料，家长读后可能会有醍醐灌顶的感觉。

**3. 写作能力的培养**
培养和训练孩子运用、驾驭文字的能力。千万不要把它狭义地理解成孩子三年级以后才被要求的给老师写作文的能力。

（续表）

| 学习能力的培养——内容及意义 |
| --- |
| **4. 计算能力的培养**<br>培养孩子对数字的理解和运算能力。这是理科学习的基本功。在电子文件里我推荐了一本教孩子学数学的书。 |
| **5. 入静专注能力的培养**<br>培养孩子"由动入静"的功夫和高度集中注意力的能力。这是决定孩子能否高效率学习的关键要素。这部分也是有理论、有方法、有名人谈。 |
| **6. 思考判断能力的培养**<br>培养孩子深入思考问题的习惯，避免不动脑筋、照猫画虎的学习。孩子思考判断、归纳推理的能力是必须专门培养的。欠缺这方面能力的孩子总让人感觉学习不得要领，事倍而功半。 |
| **7. 制订计划能力的培养**<br>会订计划，会科学有序地安排自己的生活和学习，这对孩子来说是一项非常重要的技能。这项能力无法靠遗传获得，只能靠家长后天培养。 |

　　学习能力的培养是整个家庭教育计划的重点。很多家长问我到底该不该让孩子很早就开始学习，会不会造成孩子上小学后不愿意听老师讲课。

　　我的回答是，不会的。这几年我常见之前没学，上学后很被动的孩子。没有碰上一个之前学了，上学反而不听课的，一个都没有碰见。对孩子的阅读、背诵、计算和写作等能力的培养，则越早越好。

## 幼儿园要不要教孩子认字、算术?

—— 和一位幼儿园园长的对话

伊园长

最近我在园里搞课改设计,遇到很多困惑,想听听沈老师的意见。

沈老师

谢谢你的信任,我知无不言。

伊园长

很多家长要求我们多教孩子认字、算术和英语,可我不认为这是我们该做的事。孩子每个阶段有每个阶段的任务,但很多同行又迁就家长,让我们很难办。

沈老师

对幼儿园的教育,我有两个旗帜鲜明的观点:第一,幼儿园要做好本阶段的工作;第二,要为孩子下一步的学习打好基础。

伊园长

熊掌与鱼要兼得?说说您对这个问题的详细看法。

沈老师

首先,评价学校好坏的一个重要标准,就是你能为下一级学校,输送多少优秀学生。如果某个小学,毕业生到了初中,普遍都是班上的差生,你说说,我们能认为它是好小学吗?某个大学校长说,他办的大学很好,就是毕业生找不到工作。能这样说吗?解释不通啊!

但是，幼儿期的孩子有他们的特点，有许多活动，是我们必须要在这个阶段去安排做的，比如，身体上的感统训练、孩子间的交往能力等等。

伊园长

这恰恰就是工作的挑战之处。深究起来，每个年龄段，小学、初中、高中和大学，都是既有现阶段性的任务，又要为下现阶段做好准备。你得两手抓。

沈老师

您说得轻巧。老师和孩子们的时间和精力都是有限的，我们怎么可能两样都抓得住？搞不好两样都抓不好。

伊园长

在我看来，任何职业都是在两难中求生存，平衡中求发展。关键是从孩子们的角度看，他们在身体、智力方面，完全可以接受各个方面的训练。如果让我来设计课程，我就会开发一些新教具，把小朋友们的游戏与认字、计算结合起来，让他们在户外热热闹闹、气喘吁吁地把识字、算术与感统训练、人际交流一并完成，并且……

沈老师

好啦！好啦！您光空口说说当然简单啦。我要按您的方法做，得花多少经费？钱从哪里来？场地怎么解决？教师怎么培训？家长和老板们又认不认可这种理念？

伊园长

我也知道你的难处，所以说嘛，我只能当"家庭教育专家"。

沈老师

# 关于培养原则和培养方法部分的介绍

## 学习能力的培养原则和方法

### 1. 培养孩子阅读能力的原则和方法

这项技能的训练从出生不久就可以着手了。先让孩子听读，再带孩子指读，再让孩子自己读，每天坚持，循序渐进，最终把阅读变成和吃饭、睡觉一样必不可少的一种生理习惯。

### 2. 培养孩子背诵记忆能力的原则和方法

每天定时定量地背诵。由少到多，由慢到快，积土成山，积水成渊，积跬步以至千里。这不仅是一个背诵内容不断积累的过程，而且是背诵记忆能力和专注能力不断提高的过程。

### 3. 培养孩子写作能力的原则和方法

通过培养孩子写日记的习惯，来训练孩子运用文字的功夫。每天都写一点，唯有这样才能使孩子练就一支生花妙笔。现代人的影响力，来自于他的文字力量。

### 4. 培养孩子计算能力的原则和方法

通过玩数字游戏来培养孩子的计算能力。通过讲数学家和关于数学的有趣故事，让孩子对数学有感性和趣味性的认识。

### 5. 培养入静和专注能力的原则和方法

一要掌握打坐入静的功夫，掌握快速排除思想杂念的技巧，使自己进入心念纯一的状态；再就是通过规定时间内练背诵量的方法来培养孩子高度集中注意力的能力。

### 6. 培养思考判断能力的原则和方法

时常要给孩子提些有趣的问题，让孩子经常陷入思考之中。就像大物理学家朗之万问小居里："为什么我把金鱼放进鱼缸后，溢出来的水的体积没有金鱼大呢？"不要让孩子把学习理解成是死记硬背、猜考试题、应付升学的手艺。学习的更主要目的是增长孩子的智慧。

### 7. 培养制订计划能力的原则和方法

培养孩子制订计划、执行计划的能力要从小、从日常生活开始训练。方法就是要让孩子制订书面的生活作息计划，贴在家里的显眼之处，每天遵守执行。另外要结合孩子当前正干的各种事情，把它们都变成详细系统的行动计划。逐渐让孩子习惯做任何事情都有详细周密的行动计划，并且能够持之以恒地执行下去。

# 关于具体培养计划部分的介绍

## 学习能力培养的详细计划

### 1. 培养孩子阅读能力的详细计划
这是一个需要家长制订详细计划的重要事情，家长应该及早严肃对待。计划里要有阅读时间的规定、阅读内容和数量的安排、阅读速度的记录等。

### 2. 培养孩子背诵记忆能力的详细计划
这是需要和每天的作息时间相结合而制订出的一个详细计划。比如每天早上背诵一刻钟的唐诗、《三字经》，或者是英语、语文之类的计划。

### 3. 培养孩子写作能力的详细计划
这部分完全可以转换成培养孩子的写日记习惯，但书写的内容不能保密（想保密的日记可以让孩子自己另外安排）。怎么写日记、日记的内容包括什么都要有要求，家长要指导得很细致，包括记录孩子每分钟的书写速度，等等。

### 4. 培养孩子计算能力的详细计划
从教孩子认数字、数数字开始，逐步深入下去，先学会 10 以内的加减法，使之做到得心应手。同时有计划地给孩子讲些数学家的故事，有关数字、数学的有趣故事。

### 5. 培养孩子入静和专注能力的详细计划
从孩子小的时候，大家一起玩"不许动"的游戏就可以开始培养。主要通过培养孩子的阅读能力来提高孩子的专注力。

### 6. 培养孩子思考判断能力的详细计划
家长要有个本子收集一些有趣的，且针对孩子年龄程度的问题，经常时不时地抛给孩子，如为什么农历十五的时候月亮大而其他时候小呢。

### 7. 培养孩子制订计划能力的具体措施
作息计划、阅读计划、背诵计划、学乐器计划、体育锻炼的计划等逐一制订，逐一完善，逐一坚持。没有任何投机取巧的轻松办法。在电子文档里我们收集了很多优秀学生制订的各种各样的计划，以供参考。

# 扎扎实实、一项一项地培养孩子的学习能力

## 罗马不是一天建成的，能力的培养是一项持久的工作

孩子的学习能力其实就是由孩子的阅读、背诵、计算、写作等能力共同决定的。根据上表所列的内容，家长必须一项一项地培养和提高孩子的学习能力。

孩子学习能力的培养是一个需要家长耐心且长期努力的工作。千万不要梦想着找一个简单的窍门，一下子让孩子变得会学习。

## 先拿"培养孩子的阅读能力"来说

让我们先拿阅读能力的培养，来看一看"沈俊杰家教计划"有什么内容。

先看看关于阅读的意义和重要性的文章。

### "9·11"恐怖袭击时布什在哪?

你知道美国当年遭受"9·11"恐怖袭击的时候，总统布什在哪儿吗? 在干什么吗? 我来告诉你，他和太太劳拉正在一间小学领着娃娃们读书呢。

1983年，在美国教育部的牵头下，由许多知名专家和学者组成了"阅读委员会"，经过研读上万份有关阅读重要性的报告，委员会最后发布了一项名为《成为阅读强国》的报告。专家们认为，学校课程的每一项内容都根植于阅读，即阅读是所有课程的核心和基础。也就是说，孩子学习能力的高低，从根本上说是取决于他们的阅读能力。从小培养孩子们的阅读习惯，是帮助他们提高学习能力的最重要、最有效、最简单的方法。

于是，美国政府根据各方专家的意见，形成一个关于早期教育的基本国策，就是大力培养美国孩子的阅读习惯。小布什在清华大学演讲时就说："在 2001 年，我就向国会提交了一个（有关教育的）法案。"这个法案的核心就是"我想我们的重点是放在教导青少年的阅读方面"。并且，布什强调"我和我的夫人要持续推动这个计划"。"9·11"的时候他们就正好在实施这个"引导儿童阅读"的计划，可惜这么重要的事情被恐怖分子给搅了局。

不仅仅是美国的专家们看出了从小培养孩子阅读的重要性，具有更悠久历史的英国，政府最近也启动了 2700 万英镑的"你读书，我埋单"的大型儿童读书计划，为该国 4 岁以下的孩子，按各个年龄段，免费发放一个装有儿童读物的小书包，鼓励孩子们养成早期阅读的好习惯。英国教育大臣露丝·凯丽在阐述这个计划出台的原因时强调，阅读对儿童的教育和成长有着不可替代的重要作用，并且，孩子们的阅读能力，关系到英国未来的发展，以及在全球的竞争力。政府花费两千多万英镑，去帮助孩子们养成阅读习惯，是一件非常重要和划算的工作。

其实比他们更古老和智慧的中国人，早就明白了这个道理。"万般皆下品，唯有读书高。"纵观历史，古今中外，凡成大事者必先读书。拥有阅读习惯基本是成功人士的共同特征。

## 阅读决定了孩子的智力

专家们研究发现，早慧的孩子有一个共同的特点，就是喜欢阅读。美国心理学家对天才发生学多年的研究成果表明：有 44% 左右的天才男童和 46% 的天才女童，在 5 岁之前就开始阅读了。人在 0 到 8

岁期间，是智能开发的关键期。美国教育心理学家布卢姆在《人类特性的稳定与变化》一书中认为：假如以17岁时人的智力发展水平为100，则4岁时就已具备50%，8岁时达到80%，剩下的20%，是从8～17岁的9年中获得的。研究表明儿童早期阅读和计算能力，对他们日后的智力发展影响最大。发达国家早在20世纪80年代就把儿童智能教育的重点，放在了培养和提高孩子的阅读能力方面。

## 不会阅读的孩子将被淘汰

王　林

在人类历史上，知识的累积从来没有像近100年来这样惊人，从1961年到1981年，这20年间所累积的知识几乎是过去2000年的总和，从1981年到现在，知识又几乎增加了一倍，这都是前人无法想象的。知识的快速累积，科技的突飞猛进，科学家对于未来世界的预测都不敢超过5年，因为知识是呈几何级数上升的，人类无法看到那么远。

在这种形势下，要求每个人都要有足够的自学能力，才能应付飞速发展的社会。只会应付考试的学习方法将被淘汰，取而代之的是资料的搜集、整合、应用及创新。其实只要观察生活你就会发现，只有那些善于学习，并且不断学习的人，才能紧随时代的发展。而这种学习能力的形成，首先要从培养阅读习惯做起。

美国前总统克林顿依据相关研究指出：小学三年级之前必须具备良好的阅读能力，这是关系到孩子们未来学习成功与否的关键。布什总统上任后，提出"不让任何一个孩子落在后面"的教育改革方案，并且将"阅读优先"作为政策主轴，拨款50亿美元的经费，希望在五年内，让美国所有学童在小学三年级以前具备基本阅读能力。

日本政府深深认识到，下一代阅读与否，关系到国家的未来，因此大力提倡儿童阅读风气。在东京上野公园成立国际儿童图书馆，正是希望孩子能在丰富的馆藏中快乐阅读，从阅读中孕育未来的梦想和希望。

# 专家谈阅读的重要性

美国阅读问题专家史蒂文斯说："教育史上一个危害最大的错误观点是，认为孩子只有等到6岁以后才能培养他们的阅读能力。"

**多曼博士在《给世上的父母亲》一书中写道：**

1. 幼儿从2岁起，就具有阅读能力。

2. 在6岁上小学之前，小孩的头脑具有惊人的容量。可以吸收许多知识和事实，只是很可惜的是，大人限制了其学习能力。

3. 对于孩子来说，学习是最快乐的事情，但是大人却扼杀了小孩强烈的求知欲望。

4. 幼儿脑部具有魔术般的作用，决定性学习时期是从1岁到5岁，这时期可以轻松地学习5个国家的语言。

5. 智能在8岁以前就已经固定了。

6. 学习能力随年龄增长而降低。

7. 读书可以促进脑神经发育，读书没有什么不好的后果。

8. 想要培育优秀的孩子，一定要尽早让孩子阅读。不是因为孩子聪明才让他早读书，而是从小读书孩子才会变聪明。

9. 限制阅读就是限制智力，培养阅读就是培养智力。如果想使幼儿的脑部得到发育，最重要的工作就是让孩子读书。

**苏霍姆林斯基说：**"孩子的阅读开始越早，阅读时的思维就越复杂，对智力的发展也就越有益。7岁前学会阅读，就会练就边读边思考的能力。"

**北师大心理系博士刘翔平说：**"在现代社会，阅读是一项极重要的能力，因为几乎所有的现代信息都要通过阅读来获取，尽管计算机已十分普及，但计算机并不能代替人的阅读，相反，它更有赖于阅读……阅读成为人类必不可少的一种能力。"

**日本的石井勋博士认为：**"阅读能力是任何学习的基础，因为每一门学问都是从阅读书籍开始。我们的孩子至今还有很多人由于阅读

能力弱，导致学习困难。以今日学校的教育方法，要培养孩子快乐地阅读教科书的阅读能力是不可能的，唯有在幼儿期就培养孩子的阅读能力，才能真正解决上面的问题。"

　　**日本的七田真在《0岁教育的奥秘》里说**："3岁就能轻松阅读书本的孩子，终其一生都会有读书欲，而进入小学以后，也会以读书为乐，读书的内容也会越来越深，而且学习能力越来越强。读书与学习能力有着密切的关系，越是喜欢读书的孩子，其学习能力越强。阅读能力是学习的基础。"

　　当你作为家长，认真读完了上面这几篇文章后，你就应该明白阅读对孩子有多么重要了！抓阅读就是抓学习。

　　除了重要性外，我们还应该知道要从小培养孩子的阅读能力。小时候不培养，等大了再培养就要费老劲了。

　　明白了这些道理之后，你就应该还要弄明白，该用怎样的方法来培养孩子的阅读能力？

## 循序渐进培养孩子的阅读习惯

　　阅读对孩子的重要性我就不再废话，接下来专门谈谈培养孩子阅读能力的方法。

　　我在这里所教的方法是从孩子过完满月开始的。具体的做法是，首先，要在孩子的小手会抓握玩具的时候，就给他的玩具堆里丢一本书让他玩。目的是使孩子在认识世界的一开始，就把书当做是一件生活必需品，并且让他感觉书是很好玩的一样东西。在很多婴儿用品商店里有专门给婴儿配备的撕不烂可以洗的小布书，商家实在是想得很周到。当然，你也可以直接把真书给孩子，撕烂了就修补，或者干脆再给新的。

　　孩子稍大一点，还只能躺着的时候，大人就可以给他们念书了。

不管他听不听得懂，你都可以每天给孩子念一会儿书，目的同样是让孩子熟悉和喜欢这种"阅读"的活动。这种活动要持续很多个月。

等到孩子会坐以后，就让他坐在大人的怀里，家长要拿着适合孩子看的书，开始给他"指读"了。这也叫"指读法"。所谓"指读法"就是大人抓着孩子的小食指，一边指着内容和文字，一边给孩子读书的方法。"指读法"看似简单，作用却很神奇。它能使孩子很容易就突破识字关。这期间家长要给孩子养成每天定时、定量的阅读习惯。阅读时间一次不要过长，大概10～20分钟，但每天都要安排两到三个时段专门阅读，而且要给孩子大量进行重复阅读。开始时一本书要读几十遍，随着年龄的增加，慢慢过渡到读十几遍、读几遍。

只要"指读法"坚持进行上3年左右，也就是孩子三四岁的时候，他就会自己看书了。神奇之处就在这！这时候大人的主要工作就要放在给孩子选书上。大概的原则是从画多字少的书，到画多字多的书，再到画少字多的书，最后过渡到纯文字的书。书的题材也要包罗万象，由浅到深。从童话故事，到成语故事；从科普知识到哲理知识；从音乐家的故事到数学家的故事等等。

当孩子养成没事就想看书、碰到新书就想翻、一看书就把什么都忘了的时候，家长培养孩子阅读习惯的任务就算基本完成了。剩下就是指导阅读内容的问题了。


阅读的重要性我们知道了，培养孩子阅读能力的原则方法我们了解了，接下来就是制订具体的培养计划，之后全家人按"计"行事，有计划、有步骤地培养孩子的阅读能力。

如果你的孩子刚刚1岁，那就制订这样一个计划：每天上午、下午、晚上各给孩子"指读"一次书，每次的读书时间，刚开始时定为10分钟左右，之后慢慢加长。

当然，计划要制订得很详细。每天具体的时间安排、阅读的内容和方法都要非常详细，以使任何一个家庭成员都可以照着执行。

如果你的孩子5岁多了，但还没有养成阅读的习惯，而且识字量很小，那就要抓紧制订出孩子的阅读计划；并且要另外安排计划，让孩子每天专门学几个常用汉字，以利于尽早独立阅读。

你问让孩子5岁认字是不是太早了些？那请你看看胡适是几岁认字的，胡适回忆说："……回家乡时，我号称5岁了，还不能跨一个七八寸的门槛。但我母亲望我念书的心很切，故到家的时候，我才满三岁零几个月，就在我四叔父介如先生（名玠）的学堂里读书了。我的身体太小，他们抱我坐在一只高凳子上面。我坐上了就爬不下来，还要别人抱下来。但我在学堂并不算最低级的学生，因为我进学堂之前已认得近1000字。"

一个生活贫寒、营养不足、条件很差的乡下孩子，能在三岁零几个月大就入学堂，而且之前就已经认得近1000个字，不用老师再教《百家姓》《三字经》之类的入门教材。现在的孩子5岁学认字难道都嫌早吗？中国人是一代不如一代吗？

## 与其无知，不如贪财

冬子的爸爸在深圳坂田一家高科技公司工作。冬子刚上初中成绩比较一般，但最让冬子爸担心的，还不是考分不高，而是他觉得儿子的思想太简单，认识肤浅，也没有什么梦想、追求之类的东西，这都与中学生的身份不相符。

冬爸说他当年"醒事得也晚"，但男孩子一旦觉醒，那简直就像长征三号火箭点火，进步的速度一定让人吃惊。可唯一遗憾的是，与当年同处"冬眠期"的老爸相比，冬子现在只爱打游戏，不爱阅读。那时候冬爸最爱干的可是看"闲书"。看着看着感觉内心就有了方向和力量。唉！冬爸叹气说，不阅读，不大量阅读，脑子里就没货。脑子里没货的娃娃，那可就不知道什么时候会"醒事"了。所以，冬爸思前想后，决定擒贼擒王，要从抓阅读开始抓孩子的教育。

冬爸就此问题，问计于沈老师。沈老师对冬爸关于阅读重要性的认识，表示了极大的认同，之后强调说，阅读习惯得靠培养才会有。冬爸就问：具体怎么培养才好啊？沈老师回问：你觉得现在除了打骂儿子，还有什么东西最能调动孩子的积极性？冬爸沉吟良久，曰：一是打游戏；二是零花钱。除此两样，别无他爱。

沈老师说：靠奖励打游戏来培养阅读习惯，乃是饮鸩止渴，万万使不得。孩子很快要进青春期了，应赶紧靠零花钱调动其积极性，尽快养成阅读习惯。

会不会让娃娃变成唯利是图，见钱眼开的人呢？冬爸似乎有所顾虑。但沈老师却坚定地说，与其成个无知的人，还不如博学贪财呢。况且，谁敢保证，没受过物质刺激的孩子，长大后就不爱财？不爱财的人就一定好吗？热爱财富乃是人类的本性，本没有错，关键是"君子爱财，取之有道"，有获得正当财富的能力才最重要。冬爸听完一席话，深以为然，遂依计而行。

之后，在沈老师指点下，冬爸给冬子制订了一个极有奖惩威力的阅读计划，包括每天固定的阅读时间、地点。书目也是从金庸武侠小说启头。但最让冬子眼睛放光的，是阅读奖励规则，只要认真读完一本书，即有不错的收入。而且，如果把每本的奖金存到假期再花，到时候老爸还有额外的一比一配套旅游费赞助。当然，若冬子中断阅读，或不看老爸指定的书，不仅得不到奖励，还会被严厉惩罚，从经济上和心理上都将面临巨大压力。整个计划可谓严谨细致，重赏重罚。

这件事已过去两年多，中间虽经历了一些波折，但在老爸的顽强坚守下，冬子总算磕磕碰碰坚持到现在。与七百多天前相比，冬子变得懂事许多，他说过去爱打游戏，打的时候感觉很痛快，但玩完之后就特空虚。阅读的感觉恰好相反，每读完一本书，心里就会变得充实很多。冬爸说，阅读让儿子的心静下来了，不那么浮躁了。按照计划，冬子已经系统地读了四位名人的传记，他说这些人物传记对他的思想影响尤其大。

冬爸说，只要儿子在身边一天，他就会鼓励他阅读。在这件事上，他的梦想是让冬子成为一个爱看书、有思想的人。有了自己的思想，人生才算真正起步。

沈老师分析这次效果比较好的原因时说，一是家长决心大；二是计划严丝合缝；三是冬爸有信念，咬牙坚持下来了。

## 再拿"培养孩子的背诵能力"来说

背诵记忆能力和阅读能力一样，也是学习的一项重要基本功。这方面的能力如果培养好了，至少，孩子对付考试就不在话下了；相反，如果孩子的"背功"很差，那想有稳定的好成绩就很难了。

家长在培养孩子背诵记忆能力前一定要对背诵能力的重要性有清楚的认识。下面是我在"沈俊杰家教计划"软件里给大家推荐的几篇文章，家长们看完后应该就能明白背诵的重要性了。

### 看看大师们的背诵功夫
#### 鲁　迅

许广平在谈到鲁迅的背功时这样说："他自己承认，小时候在家里读书，先生给他限定功课，譬如叫他背四行书罢（旧式私塾的唯一的教授法是背诵），他立刻背了，一切的课业都办妥了，他在那里玩，先生看看不对，再加四行，十六行，三十行……半本书，一本书，以后就每每整本的书责令他背诵，他还是很快地做完了，还是在那里玩，原因是他看过一两遍就背得一字不差。"

其实鲁迅的背功是在很小的时候被卧病在家的严父训练出来的，而且他们三兄弟都被这样要求。

#### 胡　适

胡适回忆自己小时候说："到了六七岁以上，女孩在家裏小脚，男孩子在学堂念死书。怎么'念死书'呢？他们的文字都是死人的文字，字字句句都要翻译才能懂，有时候翻译出来还不懂。例如《三字经》上的'苟不教'，我们小孩子念起来只当是'狗不叫'，先生却说是'倘使不教训'。又如《千字文》上的'天地玄黄，宇宙洪荒'，我从5岁读起，现在做了10年大学教授，还不懂得这八个字究竟说的什么话！所以叫做'念死书'。因为念的是死书，所以下死劲去念。我们做小孩子时候，天刚亮，便上学堂去'上早读'，空着肚子，鼓起喉咙，念三四个钟头才回去吃早饭。"

虽然作为提倡新文化和白话文的先驱，胡适并不认同"念死书"的方法，但实际状况是他在三岁零几个月之前就已经会背《三字经》、《千字文》《百家姓》《神童诗》一类的小册子。之后入私塾，靠每天早起"空着肚子，鼓起喉咙，念三四个钟头"的办法背诵了《四书》《诗经》《易经》《孝经》《书经》《礼记》，等等，以及这些经书的注解。这样的背诵量，却是现代这些身体健康、营养过剩、从不干家务的孩子们望尘莫及的。这也是我一直认为当代难出大师级人物的关键原因之一。孩子背诵的少，知道的就不多。

## 陈寅恪

大学者陈寅恪的表弟俞大维（早年留美，曾任国民党国防部长）说起他表哥的背诵功夫时，这样讲："我们这一代的普通念书的人，不过能背诵《四书》《诗经》《左传》等书。寅恪先生则不然，他对《十三经》不但大部分能背诵，而且对每字必求正解。"

《十三经》即《易经》《书经》《诗经》《周礼》《仪礼》《礼记》《春秋左传》《春秋公羊传》《春秋谷梁传》《论语》《孝经》《尔雅》《孟子》十三儒家经传。其中大部分能背诵，而且还要记住比原著更多的注解，寅恪先生幼时的背功由此想见。

## 朱光潜

朱先生在他的《自序》里说:"父亲是个乡村私塾教师。我从6岁到14岁,在父亲鞭挞之下受了封建私塾教育,读过而且大半背诵过四书五经、《古文观止》和《唐诗三百首》,看过《史记》和《通鉴辑览》,偷看过《西游记》和《水浒传》之类旧小说,学过写科举时代的策论时文。到15岁才入'洋学堂'(高小),当时已能写出大致通顺的文章。按教师的传授,读时一定要朗诵和背诵,据说这样才能抓住文章的气势和神韵,便于自己学习作文。"

后来又在《从我怎样学国文说起》中说:"私塾的读书程序是先背诵后理解。在'开讲'时,我能了解的很少,可是熟读成诵,一句一句地在舌头上滚将下去,还拉一点腔调,在儿童时却是一件乐事。我现在所记得的书,大半还是儿时背诵过的,当时虽不甚了了,现在回忆起来,不断地有新领悟,其中意味确是深长。"

## 季羡林

季羡林先生在《病榻杂记》中说:"说到国学基础,我从小学起就读经书、古文、诗词……除了尚能背诵几百首诗词和几十篇古文外;除了尚能在最大的宏观上谈一些与国学有关的自谓是大而有当的问题,比如天人合一外,自己的国学知识并没有增加。"他还说:"旧日士子能背诵几十篇上百篇散文者,并非罕事,实如家常便饭。"

在《季羡林说写作》里他强调:"我觉得,一个小孩起码要背200首诗,50篇古文,这是最起码的要求。最近出了一本书,鼓励小孩背诗。我提个建议,应该再出一本散文集,从《古文观止》里选,加点儿注。小时候背的,忘不了。"

## 冯友兰

冯友兰先生这样记述他幼时的学习:"照这个大家庭的规矩,男孩子从7岁起上学,家里请一个先生,教这些孩子读书……我们先读

《三字经》，再读《论语》，接着读《孟子》，最后读《大学》和《中庸》。一本书必须从头背到尾，才算读完，这叫做'包本'。"

"因为父亲相信，在学新知识以前，必须先把中文学好。他认为，没有一个相当好的中文底子，学什么都不行……因此他们决定一个办法，叫母亲在家监督我们读书。母亲小时候上过几年学，认识一些字，有些字只能读其音，不能解其意。不过那时候教小孩们读经书，无论哪个先生也都是着重读和背，只要读熟了能背就行，本来就是不注重讲解的。所以他们认为只要母亲监督着我们读，读熟了向她背，能背就行。遇见母亲不认得、念不出的字，就记下来，等父亲晚上回来再教。用这样的办法对付，我读完了《书经》《易经》，还开始读《左传》。"

准确地说冯老先生当年是背完了《书经》《易经》。

## 梁实秋

梁实秋先生在《岂有文章惊海内》中说："我在学校上国文课，老师要我们读古文，大部分选自《古文观止》《古文释义》，讲解之后要我们背诵默写。这教学法好像很笨，但无形中使我们认识了中文文法的要义，体会到摛词练句的奥妙。"

## 林语堂

学贯中西的大师林语堂先生说："学习英语的唯一正轨，不出仿效与热诵。仿效即整句的仿效，热诵则仿效之后必回环练习，必须脱口而出而后已。"

"背诵法有活法与死法之别，鹦鹉能言的背法是无认识而无用的。正当的背诵应与体会同为一事，再闭书再体会、再尝试，这是正当的背诵方法。"

## 郑板桥

郑板桥在《自叙》中说："人咸谓板桥读书善记，不只非善记，乃善诵耳。板桥每读一书，必千万遍。舟中，马上，被底，或当食忘匕箸，

或对客不听其语，并自忘其所语，皆记书默诵也。书有弗记者乎？"天资聪明如板桥者尚且如此重视背诵，脑袋里空空的孩子又怎能不背？

## 各路专家谈背诵的重要性

香港大学教授陈耀南在《谈背诵》中说："背书，就如练字、练拳、练舞，熟能生巧。巧必由烂熟而出。好文章背诵得多，灵巧的修辞、畅达的造句、铿锵的声韵、周密的谋篇，口诵而心得，不知不觉，也会变成自己能力的一部分。"

台湾中兴大学教授杜松柏在《功夫全从背诵来》一文中指出："一方面熟能生巧，由背诵烂熟之中得到法则；一方面由有之而化之，书背熟了，词汇自然有了，成语的意境也被一一点化。"

港大心理系李永贤博士在《语言心理学与语文教学》一文中指出："背诵文学作品，特别是文言文或较艰深的作品，有益无害。实验证明，倘能背诵，理解也不差，当时不理解，日后会逐渐理解。"

著名语言学家、北大教授叶蜚声说："学习语言必须多读、多讲、多背诵……中文、英文或是其他语言，我都喜欢背诵，因为背诵是帮助融会贯通的方法之一。"

英语教学专家胡春洞说："语言和文章都由模仿而来。而想要模仿，就必须熟读和背诵，不然模仿无从谈起。中国传统的学习方法恰恰就是从背诵开始，我认为很有道理。"

华东师大外语学院院长张维教授说："我学英语，在很大程度上得益于过去的'死记硬背'，这是学语言根本离不开的方法。学语言有一个从'死'到'活'的过程，'死'的东西多了，熟能生巧，慢慢就会'活'。死记硬背到一定程度，便会'死'去'活'来。"

美国演说家简理机先生说："让我们好好挖掘孩子的记忆潜能吧！一般人其实只用了百分之几。让孩子背诵得越多，他们的记性就越好。"

# 让外国教授哭泣的中国学生

## ——新东方校长讲的故事

有个学员，他从高一开始背《新概念英语》第三册，背到高三就背完了。高考考进了北大。进入北大后，他本想不再继续背了。但他的同学听他背诵的时候，无不露出了美慕的眼光，于是，在虚荣心的驱使下，他又开始继续背第四册，把第三、四册都背得滚瓜烂熟。熟到什么地步呢？有人把其中任何一句说出来，他就能把上一句和下一句连接上，而且语音和磁带录音一样标准，因为他是模仿着磁带来背的。

后来他考入了美国杜克大学，他给国内的英文老师写信，老师不敢用英文回，因为对他的英文有畏惧感。当然，老师强调不用英文回信是想让他温习温习中文，使他不要忘记了优美的汉语。这位学员到美国第一个星期写文章，教授把他叫过去说他的文章是剽窃的，因为他的文章写得太好了。教授说："我教书 20 年没有教出写这么漂亮文章的学生来。"这个学员说："我没有办法证明我能写出这么优秀的文章，但我告诉你，我能背 108 篇文章，而且背得非常熟练。你想不想听？"结果，他没有背完两篇，教授就咧着嘴哭了起来。为什么？因为这个教授想一想自己教了 20 年了，居然一篇文章也没有背过，而一个中国学生竟背诵了这么多精美的文章，感到很难过……

## 培养孩子背诵能力的原则和方法

培养孩子背诵能力的原则和方法：从小开始，定时定量，日积月累，养成习惯。

让我们来算一笔账，孩子每天仅仅背诵 50 个字的内容，从一年级如果坚持到高三毕业，那么脑子里就能装 20 万字的各种知识信息。退一步，即使打个对折也有 10 万字的内容会牢牢地装进孩子的大脑

里，供他得心应手地使用。

而孩子们的背诵速度是怎样的呢？根据魏书生老师 20 年前对他的初一学生的测验统计发现，当时的好学生每 5 分钟能背 168 个字，而差生能背 50 个字。

如果家长能够从小要求孩子每天早起 20 分钟专门用来背诵，那日积月累将是个怎样的收获？

宋代大学者欧阳修认为孩子要想立业修身，就得先学习，而学习最重要的内容就是读书。（"立身以力学为先，力学以读书为本。"）所以，教育孩子应该先从教认字读书开始。

他做过这样一个统计和计算，说："今取《孝经》《论语》《孟子》及六经，以字计之，《孝经》1930 字，《论语》11705 字，《孟子》34685 字，《周易》24170 字，《尚书》25700 字，《诗》39234 字，《礼记》11705 字，《周礼》45806 字，《春秋左传》196845 字。止以中才为准，若日诵 300 字，不过 4 年半可毕。"

也就是说，《孝经》《论语》《孟子》加六经一共四十多万字，如果每天背诵上 300 个字，不过 4 年左右就背完。

古人都能够做到的事情，更加聪明的、营养已经过剩了的、没有丝毫生活负担的现在的孩子们，每天背 50 个字，又有什么做不到的呢？

## 培养孩子背诵能力的计划

季羡林先生说："一个小孩起码要背 200 首诗，50 篇古文，这是最起码的要求。"

如果你赞成季老的观点，愿意让孩子背 200 首诗，那么就做个《背诗计划》，假如孩子从几岁开始，每星期背 3 首，不到两年时间就能掌握 200 首诗了。

最晚从孩子 3 岁起，我们就要开始训练他们背诵简单的儿歌、唐诗了。通过背诵这些简单的、朗朗上口的句子，我们也就开始培养孩子的背诵能力了。

## 两个不能不掌握的技巧

家长在培养孩子各种技能的过程中，有两个不能不掌握的、非常重要且实用的技巧。

**第一个技巧——要了解和掌握夸奖孩子的正确时机。**

很多家长认为只要经常不断地夸奖孩子，就会使孩子变得爱学了。但实际的效果并不怎么样。在我的咨询案例里，经常碰到家长反映孩子只愿意干自己擅长的事情，而不愿意去尝试学新东西。其中有个妈妈说她女儿从小喜欢讲故事，不到3岁的时候，只要大人给她念几遍故事书，孩子就能自己讲出来。上了幼儿园她也是班上最会讲故事的孩子，属于经常上台表演的主。亲朋好友到家里来，一个招牌节目就是让小女儿给客人讲一段故事，每次讲完无一例外都会赢得一番夸奖。孩子虽然很善于讲故事，但有个最大的问题就是不愿意再尝试干其他的事情。教认字没兴趣，学音乐没兴趣，最想干的就是讲故事。每天晚上睡觉之前都要给爸爸妈妈讲故事，很多故事已经讲了几十遍，但每次讲完故事都要爸妈夸奖拍手，如若不然就不睡觉。这位妈妈问我怎么办。

我说这是没有掌握好夸奖孩子的时机造成的结果。什么意思呢？就是在不该表扬孩子的时候过多地表扬了孩子。我在《使劲夸，孩子就自信了吗？》一文里已经讲过，教育孩子并不是夸奖越多就越好。除了拿捏夸奖的多少外，家长还要注意掌握夸奖的时机。我们不能让自己的夸奖和称赞贬值。

正确的做法是在孩子取得进步的时候给予夸奖，而当孩子掌握之后就不再表扬，家长要把它视为正常该达到的水平。直到下一次孩子

又进步的时候，我们再表扬。我用一个图来说明这个意思。

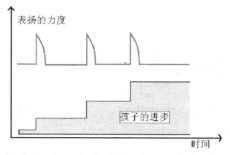

每当孩子努力上了一个台阶的时候，家长就该大力地表扬、夸赞；而当这种能力完全被孩子掌握后，我们就不能再过多地夸奖孩子，因为这很容易让孩子停留在现有的一点进步里。比如背唐诗，孩子第一次会背"鹅鹅鹅"的时候应该夸奖一番，但如果老是"鹅鹅鹅"的，就不能再表扬了，直到又会背"床前明月光"。要让孩子感觉到，想赢得大人们的夸奖和掌声，就必须不断地背新诗。久而久之，孩子就"上套"了。

当然，不论是背唐诗，还是学画画、学外语、学乐器都是这个道理和原则。很多家长在培养孩子技能的过程中，滥用表扬夸奖，在我看来，这与医生不负责地滥用抗生素具有同样的危害性。

### 第二个技巧——要循序渐进地培养孩子。

现实中我见到太多的家长，在培养孩子技能时克服不了急于求成的心态。他们总是心急火燎地抓孩子的教育。有的甚至是一种广种薄收的心态，"反正让孩子多多地学，最后好歹会有些收获吧"。

宋代大学者张载认为，学习的人还没有真正掌握，就又给新的东西，还没弄明白，就又讲新知识，这种教育方法根本要不得。老师不因材施教、不顾学生的实际感受来教学，就等于不让学生用诚实的态度对待学问，这是不负责任的乱来。他说教育最难的是，让每个人都充分发挥出自己的才智来，这才不误人子弟。张载说正确的教育方法是，观察学习的人达到了哪一步，然后把相应的知识告诉他。（"人未安之，又进之；未喻之，又告之，徒使人生此节目。不尽材，不顾安，不由诚，皆是施之妄也。教人之难，必尽人之材，乃不误人。观可及处，然后告之。"）

在这方面我要特别推荐铃木先生的"十步教学法"。在音乐教育方面堪称大师的铃木镇一先生，有一套很经典的十步理论。他认为，培养孩子的能力一定要从他们力所能及的地方开始，逐步稳健地推进。他的十步教学法是这样的：

(1) 从极少量容易的事情开始做起；

(2) 一直训练到顺手为止；

(3) 把顺手了的事情，再训练到熟练或运用自如；

(4) 注意观察和了解孩子能力的变化和发展；

(5) 再慢慢增加一些难度相近的内容，即只增加一些量；

(6) 完成的速度会发生变化，能力继续提高；

(7) 再增加一些新的项目，与已经熟练的项目同时训练；

(8) 旧项目已经干得很出色，新的项目也慢慢趋于顺手。继续训练，不要停下来；

(9) 旧的内容干得已经非常出色，新的项目也得心应手、运用自如了；

(10) 再增加第三件事。依此类推。

我曾经为了讲课的方便，为了让现场的家长很快明白铃木先生的意思，特地把这 10 条精简为 6 条，读者可以对比着看看，以求反复领悟大师的意思。

（1）先让孩子学习简单的；

（2）重复简单的，直到变得非常熟练；

（3）再加一点点新内容进去；

（4）在继续练习旧技能的同时，学习新加的一点点内容；

（5）把新的内容也练到与先前的内容一样熟练；

（6）再加进一点新的内容，重复前面的做法。

经过我的试验，这的确是一个非常有效的训练孩子学习的方法。这10条也同样适用于教孩子学唐诗、学书法、学武术、学乐器、学奥数等。我强烈推荐。

需要说些废话的是，家长在采用十步教学法的时候，既不要太快，也不要太慢。要根据孩子的接受能力，见机行事，适时、适量地增加新内容。

# 培养孩子艺术素质的计划

## 关于培养内容部分的介绍

家长对孩子艺术素养的培养，在我看来，是和培养孩子的学习能力、心理素质及体格锻炼一样重要的事情。

假如我们的孩子长大之后，虽然很擅长学习，心理素质和身体素质也挺棒，但却对艺术一无所知，没有任何的审美情趣，那他的人生将是多么地单调啊！

抽象派画家罗伯特·马瑟韦尔说："艺术是没有生活重要，但没有艺术的生活是多么乏味呀！"

作家萧伯纳说："如果没有艺术的话，粗鲁的现实会使世界难以忍受。"

黑格尔强调："艺术的真正职责就在于帮助你认识到心灵的最高旨趣。"

老卡尔·威特在谈到对儿子进行艺术素质教育时说："人生的最大幸福就是能尽情地享受艺术的乐趣。非功利性和抒情性是艺术的最大特点。我在教小卡尔时，不但教他有用的东西，同时也教他一些看来好像没有什么用处的东西。比如带孩子爬上山去看旭日东升的壮美；去访文物古迹，以追寻先辈的文化足迹。"

## 艺术素质的培养内容及意义

**1. 音乐技能和欣赏能力方面的培养**
虽然不提倡每家都把自己的孩子培养成郎朗和李云迪，但是，在今天这样的社会发展水平状态下，如果我们的孩子既不会乐器，也不懂欣赏音乐，无疑将是非常遗憾的事情。

**2. 书画技能和欣赏能力方面的培养**
要培养孩子基本的绘画技能和书法水平，如素描的技能、色彩搭配的原理、硬笔书法和基本的毛笔书法，培养孩子欣赏书画作品和其他艺术作品的水平。

**3. 文学素养方面的培养**
培养孩子阅读和欣赏文学作品的能力，让孩子的心灵始终浸润在各种文化思想的雨露中。"不论读什么专业，都不能忘了秦汉贤文、唐诗宋词、元曲明歌，惟'博学以文'才是立人之本。"

**4. 综合审美意识的培养**
在日常生活中的审美意识培养，如欣赏电影戏剧、自然风光、人工美景、建筑家居等等，在生活中的各个方面都不忘引导孩子观察、判断和欣赏。苏霍姆林斯基说："审美能力很大程度取决于一个人的文化水平和道德教养。"格拉宁说："有审美意识是灵魂丰富的标志。"

**5. 礼仪礼节方面的培养**
对孩子进行礼仪礼节方面的专门培养，从小处说是引导他们做一个合格的文明人；从大处说就是教他们怎样待人接物，怎样融入主流社会和上层社会。粗鲁无知、没有规矩是缺乏教养的表现。

**6. 有家庭特色的其他艺术项目的培养**
比如，家里人喜欢京剧，又都是票友，就应该也培养孩子学习一些京剧知识和唱腔表演；爸爸是个摄影发烧友，就可以从小培养孩子学习一些摄影知识；妈妈是个声乐高手，就可以从小培养孩子的歌唱才能。

卡尔·威特认为："艺术常常能让人更好地抒发自己的思想感情，这样会有益于孩子扩展联系的范围，扩大视野，形成更多的情感。"

也许有家长认为对于孩子艺术素质的培养还不止这么多。有这样的想法真是太好了！您应该毫不犹豫地往计划里再加入自己认为重要的东西，并且把您认为重要的项目和理由毫不保留地告诉沈老师。

我坚信越富裕、越发达、越文明的社会，应该有越多的艺术家产生。衷心期待能有更多的艺术家涌现出来，就像灿烂的星光照亮黑夜一样。

# 孩子是为家族在学乐器

家长

沈老师，你昨天培训的时候，说一定要让孩子学一样乐器。对这一点，我有不同意见，你看现在很多家长，自己并不是真懂音乐，而是为了跟风甚至为了考学加分而让娃娃学。孩子完全没有兴趣嘛！所以，我觉得孩子愿意学，那就让他们学，如果不愿意，我们不应该勉强。

沈老师

从人类历史看，远古时代，人们赤身露体，茹毛饮血，每日只为肚子忙碌，谁也不知音乐艺术为何物。但随着物质充裕，人类逐渐有了音乐、文学等艺术。多数中国人在三四十年前，还在为脱贫而努力，大部分家庭绝对没有学乐器的条件和心情。现在是"仓廪实而知礼仪"，终于有了学习音乐的条件和心情了。很多孩子可是以家族第一代的身份在学乐器。纵观历史，他们是家族音乐学习史上的"盘古"。

沈老师把学乐器的事上升到这么高的高度了？

家长

其实也不算高了，更准确地说，乐器是船，心理是岸，我们通过让孩子学习乐器来提升他们的音乐修养，磨练他们的意志，培养他们做事的耐性，提升他们的灵巧程度，并领悟学习的规律。我问你，如果孩子不学乐器，你打算用什么办法培养这些素质呢？

沈老师

除了乐器还有很多其他东西啊！比如阅读、体育、功课、绘画等等，都可以呀。

家长

很好！我很高兴你没说，只要凭家长的一张嘴巴，就能让孩子在什么功夫都不用下的情况下，变得什么都明白，什么都会干。我把刚才的话再拓宽一下，"技能是船，心理是岸"。想把白丁送上绅士或淑女的彼岸，唯有通过各种技能的船。

沈老师

沈老师也把我想得太蠢了吧！我就是看很多孩子学乐器学得很苦，最终也没学出个什么名堂，所以就……

家长

音乐素养，就像外语能力一样，需要一代一代人的积淀才能不断提高。你父亲学英语的时候你爷爷可以辅导吗？

沈老师

老师讲笑了！我爷爷是乡下种田的，怎么会英语？

家长

你学英语的时候你爸能辅导吗？

沈老师

基本辅导不了。他们那一代就会些简单英语，但他很早就督促我多学英语，比较重视学英语。

家长

沈老师

你现在完全可以辅导儿子学英语，能纠正孩子的一些发音，听他背课文，和他进行简单对话。从你儿子这一代起，他们因父母会英语，而觉得学好英语不是一件太难的事。

家长

我儿子现在学英语的条件，可比我们那时好太多了。我很小就教他说些简单的英语了。

沈老师

音乐、乐器的学习，也是同样的道理。第一代学习的人，大部分只能学个皮毛，粗通。但是，下一代人学的时候，就不用赶很远的路，去找老师学最简单的"哆、来、咪"。他们可能就像欧美的小朋友一样，小小的时候就坐在爸妈的腿上学弹琴，轻轻松松就学到简单的乐理和技法。绘画、体育也都差不多吧。

家长

沈老师想得够长远的啊！不过，你说的有道理。一代一代人的积累，将来的父母，很可能既会外语，又会乐器、绘画、体育。可惜呀！我只会点外语，在其他方面帮不到孩子。

## 关于培养原则和培养方法部分的介绍

| 艺术素质的培养原则和方法 |
| --- |
| **1. 培养孩子音乐技能及欣赏能力的原则和方法**<br>学习乐器属于专业学习的范畴。关于培养孩子欣赏古典音乐的能力，我在电子文件里给大家推荐了李岚清先生的一本关于音乐教育和欣赏的专著。他对此有很深的研究和很好的经验。 |
| **2. 培养孩子书画技能及欣赏的原则和方法**<br>这方面也属于专业学习的范畴。我在电子文件里摘录收集了一些相关的文章供家长参考。 |
| **3. 培养孩子背诵诗词、阅读名著的原则和方法**<br>把时间规划好以后按计划多读多背。日积月累，成为一种生活习惯。难点和关键点是，到底该选些什么内容给孩子背。这是考验家长水平的一项工作。电子文件里收集了一些相关文章。 |

（续表）

| 艺术素质的培养原则和方法 |
| --- |
| **4. 培养孩子综合审美能力的原则和方法**<br>在生活的各个方面，都用美学的观点来观察、思考。教孩子处处感受美，比如让他们观看晚霞、欣赏跨海大桥的壮观，等等。 |
| **5. 培养孩子社交礼仪方面的原则和方法**<br>关键是家长必须先确定一个主要的价值观体系。是按照较为传统的中国礼仪来教育规范孩子？还是按照美式风格训练孩子？或是中西结合？我们教育出来的孩子一定要有某种文化的风格，不能什么文化烙印都没有，只是一个准备去挣钱的机器人。 |
| **6. 根据家庭特色选定一些艺术技能进行培养的原则**<br>每个家庭应该把自己的文化特色传递给下一代，所以，原则和方法每个家庭自己最清楚。 |

# 关于具体培养计划部分的介绍

| 艺术素质培养的详细计划 |
| --- |
| **1. 让孩子学乐器和学音乐的详细计划**<br>要给孩子制订一个学习乐器的长期计划。学乐器不必一定是钢琴、小提琴，笛子、口琴也行。不论家里多困难，都应该让孩子学点乐器，这很重要。因为，通过系统地学乐器，可以让孩子懂得基本的乐理，可以识乐谱，可以入音乐的门。另外，欣赏音乐的能力，也需要训练，这对陶冶孩子的性情非常有好处。 |
| **2. 让孩子系统学习绘画书法技能的详细计划**<br>要给孩子制订一个系统学习绘画技能的计划，基本的素描功夫需要专门学习，构图和色彩搭配也要让孩子专门学。还应该给孩子制订出一个练习书法的计划，硬笔书法是必修课，毛笔字是选修课。 |
| **3. 让孩子背诵诗词和阅读中西方名著的详细计划**<br>家长制订一个计划，让孩子从3岁起，每周背两首诗，一年就可以背诵100首，上小学前就能够掌握300首；让孩子每天阅读2000字（不到10分钟），保守估算10年可读600万字，约合20万字的书30本。 |
| **4. 让孩子专门学习礼仪礼节知识的详细计划**<br>随着孩子年龄的增加，家长要在不同的方面对孩子进行礼数上的教育。小到吃饭的时候该怎样咀嚼，大到见了长辈该怎样行礼。 |

（续表）

| 艺术素质培养的详细计划 |
| --- |
| **5. 培养孩子综合审美意识的详细计划**<br>家长要定期对孩子进行这方面的教育，每天都要有和孩子讨论审美问题的话题，每周的活动要有这方面的安排等。 |
| **6. 培养孩子具有家庭特色艺术才能的详细计划**<br>这部分由各家庭根据各自的情况自己安排。 |

# 培养孩子身体素质的计划

## 关于培养内容部分的介绍

孩子的体能是他们的技能和智能的载体，如果孩子没有很棒的身体做前提，那一切的智慧技能都将无从施展。

有一种形象的比喻：身体素质是数字 1，心理素质、学习能力和艺术素质是 1 后面的 0。如果有 1，则每增加一项技能，孩子的整体素质就会提高一个数量级。但如果这个 1 不存在了，那后面再添多少个 0 都没有意义。

另外，我们平常所说的孩子的"身体好不好"，也像说孩子的"学习好不好"一样是个笼统的概念。具体地说，孩子的身体状况是由他们的饮食习惯、体格体能、平衡能力、运动能力、抗病能力等方面组成的，家长不能像旧社会的老奶奶那样，只要看娃娃是胖胖乎乎的，就认为是健康的。

想让孩子的身体健康，家长就必须一项一项地来抓孩子的身体素质建设。

## 身体素质的培养内容和意义

### 1. 让孩子养成正确良好的吃饭习惯
正确健康的吃饭习惯是孩子身体好的第一要素。根据我的观察和经验，这个本不该成为问题的问题，现在居然是困扰很多家庭的头号问题。我在幼儿园给家长们讲完课，提问最多的问题居然是"孩子不好好吃饭怎么办"！

### 2. 日常基本体能体格的锻炼
家长要知道日常该怎样锻炼孩子的基本体能，不能像放羊一样只是看住孩子不要乱跑就行。

### 3. 平衡协调能力的训练
婴幼儿的智力发育和身体发育是互相关联、彼此促进的。特别是孩子的运动平衡协调能力，直接影响孩子的大脑发育。所以，家长必须专门训练孩子这方面的能力。所谓的感统失调，主要就是这方面的训练不足造成的。

### 4. 提高抗病能力的锻炼
提高孩子适应气候变化的能力，不要把孩子养得太娇，照顾得太周到，以至于完全失去耐寒、耐热的能力。不主张孩子稍有感冒发烧就赶紧上医院打针吃药的做法，要培养孩子自身的免疫力和抗病能力。同样的环境状况下，那些免疫力好的孩子就没事，而免疫力差的孩子却很容易染病。在这方面，我劝那些"无微不至"照顾孩子的妈妈们、奶奶们三思。

### 5. 掌握两项拿手的体育项目
从长远的发展角度看，必须让孩子掌握至少两项比较拿手的体育运动项目。比如擅长打乒乓球和游泳，或是网球和长跑。这样孩子不仅有深度锻炼的机会，而且可以培养意志力、调剂生活、打发闲暇时间。可谓一举数得，家长一定要在这个方面舍得下大力气和本钱。一定要让孩子在体育方面有个拿手的兴趣爱好，但打网络游戏不算。

### 6. 给孩子建立运动健康档案
目的就是科学系统、循序渐进地培养孩子的各项身体素质。不要想起来的时候抓几天，平时又不管不问，而且根本不知道自己孩子的身体运动素质究竟怎样，到底处在一个什么水平上，以及具体的各种运动指标的达标状况。

## 怎样解决小孩子不好好吃饭的问题

奶奶

哎呀呀，沈教授，今天作这么长的报告，可我最关心的事你连一句话都没讲。

沈老师

哦！你关心的是什么话题？您是孩子的？

奶奶

你别看我年轻，我可是孩子的奶奶了。沈老师啊！我最关心的就是孩子的吃饭问题。为吃饭的事情，真愁死我和他爷爷了。娃娃吃饭不好，身体就不会好，身体不好，哪有心思考虑你说的那些个教育问题。所以，这个事我还要麻烦专家给出出主意。

沈老师

孩子多大了？吃饭究竟难到什么程度？

奶奶

马上快 3 岁了，每天给他喂饭是我们最头痛的事。每顿饭都得哄着吃，有时候他要边看电视边吃饭，有时要到楼下玩着吃。几乎天天追着他喂饭，我的腿都跑细了。

沈老师

正是因为你年纪轻身体好，能追着喂，所以孩子才不好好吃的。

奶奶

我追着喂，他能吃还算是好的。现在很多时候，你给他喂一口饭，他就含在嘴巴里，不往下咽。为了让他咽下去，他爷爷给他喂水、喂牛奶、喂饮料。但时间一长，他见了这些也不张嘴了。哎呀！真是伤透脑筋了！儿媳妇下班进门第一句就是问：娃娃今天吃饭怎么样？搞得我们两个紧张得不行。

孙子的肠胃怎么样？为吃饭的问题，看过大夫吗？
沈老师

带去医院检查过两次了，大夫说孩子肠胃身体没毛病，个子也还行，就是瘦了一点，但精力旺盛，活蹦乱跳的。我们还是担心呀！怕缺营养。
奶奶

如果孩子的身体、肠胃、消化方面没什么病，那就是大人在喂养上有问题。
沈老师

我们能有什么问题呢？我们疼孙子的程度你是不知道啊！真是不知道问题出在哪呀！
奶奶

**吃饭是孩子的本能，强制喂饭就会毁掉本能**

吃是娃娃的本能欲望。饿了就想吃，不吃说明他不饿。他不饿，你却要硬追硬塞，这就破坏了孩子吃饭上的条件反射。大人们只要坚持不懈地这么干，时间一长，孩子真就不知道饿、不知道饱了。或者说饿了不知道吃，饱了不知道停。
沈老师

不追着喂怎么行呢？孩子小，不懂事，他贪玩不吃，大人再不管，那不把孩子饿坏了吗？缺了营养，个子长不高怎么办？
奶奶

孩子有两顿饭连着不吃，绝不会有大问题。只要他饿了，第三顿他就会多吃，把欠的营养补回来。孩子再小，其他方面可能不懂，但肚子饿了一定会闹着要。你要等孩子饿了自己吃，不要追着喂。
沈老师

特别饿的时候他是会吃几口，但是毕竟是小孩子，吃几口就想去玩，这时候怎么办？大人也不追吗？就让孩子吃个半饱去玩？
奶奶

沈老师

这是个习惯的问题。如果孩子一开始就知道吃饭必须坐好，一旦离开座位就不给吃，那他以后就会很珍惜每次吃饭的机会，会尽量吃饱了再离开。但如果他吃几口就跑去玩，而你会追着喂，他就明白，"我可以一边玩一边吃"。既然可以一边玩一边吃，为什么他要老老实实坐在那吃呢？

奶奶

按你的意思，孩子跑开我们就不给吃了？会不会饿坏呀？

沈老师

不会。刚开始他也许吃几口就要去玩，但只要你们按我的办法坚持两个星期，他很快就会明白，这不是闹着玩的事，现在不吃等一会儿就没得吃了，以后就会老老实实坐着吃。

## 孩子好好吃饭的原因只有一个

奶奶

我们就怕把孩子饿坏了，一顿不吃心已经很慌了。连着两顿不吃，我怕我的心脏和他爷爷的血压都受不了。再说一顿没吃，第二顿我们还不追着喂，儿子媳妇那边也交待不过去。

沈老师

你们要克服这种非理性的情绪。你想一想，这么大的孩子，两顿不吃会怎么样？养孩子就像养花，你不停地给花浇水浇水、施肥施肥，结果会怎样？要让孩子找回饥饿的感觉，饥饿感是身体健康的表现。你们过去养儿子的时候，也这么喂他吗？

奶奶

过去的孩子好养，现在的孩子太金贵，都不知道该怎么养了。

沈老师

除了不追着喂，还有两点要记住。一个是，每天三顿饭要定时吃。这样孩子的肠胃慢慢适应后，一到时间他就会有饥饿感了，对消化也好。

我把这些记下来。每天定时开饭，这个容易做到。还有呢？

奶奶

另外一个特别难的要点，是两顿饭之间，你们千万不要给孩子吃零食，即使闹也别给。这第二点，我担心你们做不到。

沈老师

孩子不吃，我们不能追着喂，还不能给孩子吃零食？要都不给？

奶奶

对！因为孩子下一顿饭愿意好好吃的原因只有一个，那就是他饿了。你想，他上一顿没好好吃，肚子空着，到了这一顿，他肯定就饿了，饿了就会狼吞虎咽地吃。

沈老师

他能狼吞虎咽地吃饭，那我们家就等于是过年了。

奶奶

但是，如果在两顿饭之间，你们又给他喂巧克力、喂糖、喂点心、喝酸奶、吃香肠……这样他的肚子里就有了食物。饥饿感没了，你怎么指望他狼吞虎咽地吃饭？

沈老师

不吃零嘴确实是难。我们每天带他出去，包里背的全是吃的。而且，我们都是有工资的人，进了超市，到了小店门口，只要他想吃什么，我们还会给他买。当然，有些买了他也不好好吃。但不让我们给孩子吃零食，我们带孩子就没事干了。

奶奶

零食吃多了孩子就不饿，但你们又要让他正餐吃很多，站在孩子的角度，真是好难受啊！你不饿而我强迫你吃东西，你觉得是享受还是难受？

沈老师

孩子的爸妈一再说，要保证宝宝的营养，不能缺钙、缺锌、缺维生素什么的。我们当爷爷奶奶的怎么办？再说大人疼孩子，不就

奶奶

是想吃什么吃什么嘛！家里又不是没这个条件。

沈老师

你们每天至少让娃娃享受一次"饿极后痛痛快快吃一顿"的乐趣。毁掉一个人吃饭的乐趣，这是多大的罪过呀。

奶奶

教授说严重了。但是，光吃三顿饭，会不会造成营养不够？

**三餐搭配要合理，爱吃的千万别重复**

沈老师

只要三餐搭配合理，就不用担心缺营养的问题。但还有一个要点，就是孩子爱吃什么，你们千万别马上重复给。

奶奶

娃娃长期不好好吃饭，难得发现有一样爱吃的菜，我们就会赶紧给他多做几次。有时候他爸妈从外面打包回来的菜，发现孩子爱吃，他们第二天、第三天准会再去专门打包。但这孩子胃口不行，吃不到两三次就又不爱吃了。

沈老师

不是孩子胃口不好，而是你们的做法荒唐。天天给你吃爱吃的同一道菜，你受得了吗？

奶奶

那该怎么办？孩子爱吃我们偏不给吃？那成什么了？

沈老师

要隔一个星期再给，一周的食谱不重复，等一个星期后再看见这道菜，孩子又会眼睛放光，胃口大开。不然就会发现一样，吃腻一样，最后大人却给孩子戴个胃口不好、肠胃虚弱的帽子。

又让沈老师说中了。我们也是这么个情况。总想着家里有条件，孩子爱吃就给管够。看来是弄拧了，好心办了错事。教授，还有什么要注意的？

奶奶

想要孩子多吃饭，最见效的办法是增加运动量。你们每天带他出去，脑子里别总想着给他嘴里喂点什么，而是应该考虑怎么让他多玩多运动。

沈老师

你分析得对。孩子越不好好吃，我们就时时刻刻惦记着他的肚子，越逼他吃。要带着小家伙多跑步，多消耗体力，这样才能多吃东西。

奶奶

吃饭是孩子的本能，如果连这个本能问题也没有解决好，那关于孩子的学习能力、艺术修养、心理素质等方面，就更难展开了。我观察一个家庭在教育上的理性程度，就是看孩子吃饭的习惯怎么样。

沈老师

等我们把孩子的吃饭问题解决了，再说其他事。今天就先到这吧，我还得回去做饭，谢谢了！

奶奶

## 关于培养原则和培养方法部分的介绍

---

**身体素质的培养原则和方法**

---

1. 给孩子养成正确健康的吃饭习惯的原则和方法

因为被问的次数太多，所以我写了一个"吃饭歌"印在纸片上发给需要的家长。歌曰："增加运动量，不给零食吃。时间要固定，吃饭要专心。不吃别勉强，下顿再去吃。爱吃不重复，每顿有主题。吃饭有问题，责任在家长。"

---

（续表）

| 身体素质的培养原则和方法 |
| --- |
| **2. 孩子日常体能、体格锻炼的原则和方法**<br>训练孩子走、跑、跳、抓握、耐力方面的能力和素质。 |
| **3. 训练和提高孩子平衡协调能力的原则和方法**<br>通过让孩子多进行一些牵扯平衡性和协调能力的活动来锻炼他们这方面的能力。 |
| **4. 训练和提高孩子抗病能力的原则和方法**<br>不要稍冷就给孩子加衣服，有轻微的伤风感冒就应该让孩子扛过去，千万不要马上吃药打针。不到高烧就不去医院。 |
| **5. 让孩子至少掌握两到三项拿手体育项目的原则与方法**<br>每个孩子都应该得心应手地掌握至少两项拿手的体育项目，而且在项目的选择上，建议选一个能独立进行（如游泳、长跑）和一个必须集体活动的（如篮球、排球）。这样还可以兼顾培养孩子与人交往沟通的能力。不要让孩子总是从事自己一个人玩的活动，这不利于孩子的心理健康。 |
| **6. 给孩子建立健康和运动档案的原则与方法**<br>在电子文件里我们提供了一些参考图表。 |

# 关于具体培养计划部分的介绍

| 身体素质培养的详细计划 |
| --- |
| **1. 按计划让孩子养成正确、健康的吃饭习惯**<br>这部分对那些让孩子养成不好好吃饭习惯的家长有特别重要的意义。希望他们能用我建议的方法，在尽可能短的时间内纠正孩子的不良吃饭习惯。 |
| **2. 孩子日常体能、体格锻炼的计划安排**<br>给孩子制订每天运动的作息计划表，以此来保证孩子每天都有走路、跑步、跳跃的时间安排。孩子每天都在成长，要让他们每天都得到充足的锻炼。 |
| **3. 训练和提高孩子平衡协调能力的详细计划**<br>给孩子制订训练平衡协调能力的详细计划表，从小的时候领着他走便道牙，到大了以后学滑板车、自行车、滑旱冰、走平衡木等，逐步提升。 |
| **4. 训练和提高孩子抗病能力的详细计划**<br>要保证孩子每天在户外活动的时间不少于 5 小时，要按计划训练孩子耐冷、耐热的本领。 |

（续表）

| 身体素质培养的详细计划 |
| --- |
| **5. 让孩子至少掌握两到三项拿手体育项目的详细计划**<br>和孩子一起制订一个掌握两三项拿手体育项目的详细计划，可以一个一个来，比如先学游泳，从易到难，掌握各种游泳姿势，并不断提高游速。长大些再学打网球，上中学后再学打排球；也可以同时进行，一边学长跑一边学打乒乓球。最后使孩子的长跑成绩很好，乒乓球水平很高。 |
| **6. 给孩子建立健康和运动档案的详细做法**<br>这部分我们在电子文件里有一些供参考的图表。 |

# 培养能力和素质的根本方法

## "四步学习法"是培养孩子能力和素质的根本方法

让我们再回顾一下这整本书的结构，总结一下"怎样才能给孩子当好教练"。

在序言里，我们就说家长想要当好孩子人生的第一任主教练，首先必须在自己脑子里形成清晰明确的家教观念。如果在大的观念上你还模糊犹豫，那就不知道该领孩子走哪条路，该把孩子往哪个方向引；在日常生活中碰到孩子的教育问题时，也会出现不知所措，或是忽左忽右的状况。

除了形成清晰明确的家教观念外，家长教练还需掌握一套行之有效的教育方法，这套具体的教育方法就是著名的"四步学习法"——"确立目标，下定决心；立个计划，勉强去做；持之以恒，养成习惯；得心应手，趣味盎然。"这四步不仅是孩子成功学习的必由之路，也是培养孩子能力和素质的最科学方法，并且它适用于从心理素质、学习能力到艺术素质、身体素质等各个方面的培养。

给孩子当好教练，家长除了有观念、有方法外，还一定要有比较周密的家教计划。在平常的生活、工作中，如果我们认为一件事情

非常重要，就会制订实施这件事情的计划。从国家的层面来说，会有"五年发展规划""863 高技术发展计划""国家文化发展纲要"；从企业的层面来说会有年度的发展计划、具体产品的开发计划，等等。

而教育孩子无疑也是一个家庭里重中之重的事情。但重中之重的事情如果根本没个落到纸面的文字计划，那孩子的教育也就成了守株待兔碰运气的事情。

# 奥地利的火车时刻表

有一则幽默故事，说奥地利的火车老是晚点，乘客们意见很大。有一次，一个愤怒的乘客指着车站大厅里的时刻表质问站长："既然你们的火车总是晚点，干吗还要把时刻表挂在那儿？"没想到站长耸耸肩说："先生，正是因为有了这张时刻表，您才知道火车晚点了呀！"

"家庭教育计划"有时也会成为奥地利火车站的时刻表。因为，等孩子长大，我们回顾培养孩子的历程时，肯定还会有这样那样的遗憾。即使是从一开始我们就想得很周全，也会因为不可控的因素，而使我们无法完全做到最理想的状态。

但不论怎么说，有计划总比没计划强。而且，正因为我有了培养孩子的框架计划，才使我们能够经常审视、检讨对孩子各方面的教育状况，才可以分析研究、对比判断孩子在各方面的变化趋势。如果家长手上没有这样一个全面的综合方案，没有一个文字记录软件，那家庭教育就完全成了盲人骑瞎马式的行为。

## 让孩子在每个项目的学习上都尝到甜头

按照家庭教育计划来培养孩子，并不是要家长逼迫着孩子被动地去完成这些指标，而是要家长通过"四步法"，让孩子在每一个培养方面，乃至每一项上都尝到学习训练的甜头。

比如在心理素质方面的与人交往能力上的培养，家长的正确做法既不是对着孩子空谈交往能力如何如何重要，也不是强迫他去交些朋友，而是通过各种办法，循序渐进地训练孩子和各种人打交道的能力。最终让他感觉与人交往是一件轻松而且愉快的事情。

再比如，培养孩子的阅读能力。家长培养的思路不是一上来就要求孩子每天必须花多少时间在阅读上，必须读完多少本书，而是要慢慢培养孩子的读书习惯，逐渐让孩子达到每天不读一会儿书就感觉浑身不舒服的境界。在这个基础上再有计划地安排孩子由浅到深地、系统地读些书。

最终让孩子形成具有一定的阅读速度，并且每天都喜欢阅读一段时间的习惯。让孩子养成了这样一个终生受益的习惯之后，家长在这个项目上的教育任务也就基本完成了。

之后你再想影响孩子的思想，最简单的办法就是给他推荐一本书。读完《林肯传》他自然就明白什么是坚韧了。这比你苦口婆心的唠叨，效果不知要强多少倍。

也可以这么说，家长要下定决心培养孩子，并按照家庭教育计划的安排，把每一个项目都培养成孩子的一种习惯，最终要让孩子做到"得心应手，趣味盎然"。

问 答 录

## 现代好母亲的形象是怎样的？

沈老师好！最近大家都在讨论现代好妈妈的形象，就这个问题，能不能谈谈你的看法？谢谢！

李编辑

家长做对了，
孩子才优秀

在过去的课本里，好母亲总是被描述为起早贪黑、省吃俭用、任劳任怨、默默奉献的样子。时代发展到今天这一步，至少像深圳这样的大城市，好妈妈的形象，不能再按"苦大、身累、话少"的标准来衡量了。那现在的好妈妈，应该是什么样的呢？我脑海里跳出来的第一个人选，就是比尔·盖茨的妈妈。如果深圳能多涌现些这样的妈妈，将来就不愁没有人才了。

比尔·盖茨的妈妈究竟好在哪儿呢？让我们通过阅读比尔·盖茨的爸爸写的一本书——《盖茨是这样培养的》来感受一下。

老盖茨在书里这样高屋建瓴地评价自己的妻子："**我深信我的孩子们之所以能取得今天这样的成就，关键因素就是他们的妈妈玛丽和我，对他们毫无保留的爱和永远的支持。**"

当然，这句原则性的表述，适用所有家庭。关键要看妈妈具体做了些什么：

"**随着我们的孩子不断成长，玛丽（孩子他妈）总是想方设法设计生活细节，使我们的家庭生活显得更加有趣。有时，为了使洗碗显得充满乐趣，我们通过晚饭后玩牌决出胜负，赢家可以不用帮忙清洗碗碟。我们还一起设计、制作圣诞卡，并与其他两个家庭共同组办了假日滑冰派对。**"

尽量让家庭气氛处于愉快和融洽之中，这是好妈妈的基本素养。在组织家庭派对方面，老盖茨夸老婆说：

"**玛丽是个天才，总能创造活动盛会，为我们与其他家庭带来乐趣和享受。**"且"**这些活动使我们的孩子能够从一个延伸的大家庭中感受并理解关爱。这种形式还培养了他们对竞争的兴趣，促进了他们技能的提高，我相信这些是帮助他们取得成功的要素**"。盖茨妈妈经常组织几个家庭一起活动，让各家的孩子们有机会聚在一起，玩各种运动和游戏，互相比赛。

让孩子经常与亲朋好友们一起聚会活动，既锻炼了他们待人接物的交往能力，也增加了孩子的人脉关系，拓宽了交流圈子。让孩子

238

们互相竞赛，提升了他们的竞争意识和能力。由此，我们可否得出推论，就是妈妈如果太死板，与亲戚朋友老死不相往来，在客观上会让孩子陷入缺乏交流、人际单薄的先天不足中？

当然，我从家庭教育的观点看，妈妈更重要的本事还在后面呢，请看盖茨妹妹对妈妈的评价——

女儿利比评价妈妈说：**"几乎每时每刻她都能保持一颗愉快的心，总是积极参加各种运动和活动。"**这一点真不得了！这是评价好妈妈的一个关键要素。我常说家庭教育两手抓，其中一手就是抓心理素质建设。让孩子们养成积极乐观的性格，这是心理素质的基础。妈妈整天愁眉苦脸，不停抱怨，怎么可能让孩子从小养成积极乐观的性格？

除了性格塑造外，在学习能力的培养上，好妈妈也要有办法。老盖茨说：**"特利（比尔·盖茨的昵称）的阅读量可能要远远超过同龄的其他孩子，他读书兴趣广泛，废寝忘食，数学、科学书籍与青少年小说，对他都有着同样的吸引力。"**我们都知道，阅读跟吃奶不一样，不是天生就会，阅读习惯需要家长后天去着意培养。显然，这方面盖茨妈妈也做得很成功。其结果就是孩子的学习能力超强，考大学之类的事对他们来说不费劲。

当然，再接下来的一些本事，就属于非一般的高要求了。比如，把孩子们送到私立名校去读书，不惜代价给儿子买电脑，等等。更有甚者，盖茨与IBM的第一单生意，就是妈妈给搭的桥。第一次见巴菲特，也是老妈给特意安排的，之前他还不愿意跟人家见面，碍不过老妈的面子才去见了一面，但从此成为至交。

看到这里，一定有人会说"盖茨爹妈的水平是一般中国家长能比的吗？你让普通妈妈们怎么学？"

对！别说中国家长，就是一般的欧美妈妈，也做不到盖茨老妈的这个程度。但我要说，就像学书法的人临摹柳公权、颜真卿的字一样，可能永远达不到他们的境界，但朝他们那个方向努力，总没有错吧！

我认为，盖茨妈妈代表着"先进家庭教育的努力方向"。你完全可以在自己的生活层面，效法盖茨妈妈的一些有效做法。

教育孩子不仅是一个体力活，更是一项脑力劳动。如果妈妈们只顾低头拉车，每天只陷在孩子的吃喝拉撒睡里，很少花时间抬头看路、找方向，那将来就容易造成"只有苦劳，没有功劳"的局面。提醒新时代的妈妈们，要有更强的学习能力、更开阔的眼界、更积极的行动。

《近思录》里有一句话："不学便老而衰"。不爱学习的人容易衰老。所以，多深入学习教育孩子的知识，不仅对孩子和家庭好，还有利于年轻妈妈们永葆青春活力，此乃是一举两得的好事。

## 爱抱怨的家长教不好娃娃

**凯瑟琳妈妈，你好！**

我们虽已谈过几次，但我始终觉得有些话，在电话里不好说，决定还是给你写这封邮件。希望通过文字，我能连续、清晰地表达我的观点和建议。而你也通过耐心、反复地阅读，领悟其中的道理。

台湾的星云法师说："抱怨是丧志之始：人一旦心中满怀怨恨……总觉得世间不公平，觉得天下人都对不起自己，这就是人生危险的讯号。"这些话也完全适用于家庭教育。我有一个观察，就是爱抱怨的家长，往往教育不好自己的孩子。

家长喜欢抱怨，特别是当着孩子的面，经常埋怨这个不好、那个不公平，我认为最直接的后果就是，先泄掉家长的骨气，再泄掉孩子的勇气。

面对教育，古今中外的父母，永远可以有无数抱怨的理由。比如，你若生在中国古代，从大的方面讲，你可以抱怨物质贫乏，条件太差；冬冷夏热，生活太苦；兵荒马乱，社会太乱。从小的事情讲，你可以抱怨朝廷规定让小孩子用毛笔，写繁体字，学文言文，真是造蘖呀。即使生在当今美国，你依然有很多可抱怨的理由，比如社会太开放，价值观混乱；学校管理太松，早恋早性成风；枪支泛滥，学生生命受威胁，等等。只要你想抱怨，理由永远都不缺。

但是，古往今来，即使在非常不利的条件下，每个时代也孕育出了很多杰出人物。天下大乱，不也有"乱世造英豪"的说法吗？

由此我们是不是可以得出这样一个结论：教育孩子，不可能指望各方面条件都理想化以后再进行。家长们只能利用已有的条件，争取可以争取到的条件，克服各种困难，尽量把我们该做的事情，做到最好。

说老实话，你爱抱怨的心态不变，我们其实很难沟通。很多问题，在我看来，都是父母要管的事情，可在你眼里，要么怪中国教育不好，指望政府去管一管；要么觉得学校不好，指望换老师、换学校；甚至觉得家里人也是这不好，那不对。这样一来，我们谈话的焦点，很快就从"家长现在该怎么做"，变成对"是谁造成的""该谁负责"的争论了。

在我看来，教育的本质是为提升同代人之间的竞争力。大家身处同一个大时代下，你遇到的挑战，也是其他家长挠头的难题。退一步说，即使有些方面，你们条件不如人，这种情况下，你抱怨了又有何用？与其抱怨，不如激励。"梅花香自苦寒来"，不就激励过无数贫寒子弟，让他们最终反败为胜吗？

我认为，爱抱怨的家长，对孩子最大的伤害，就是让娃娃从小丧失了斗志和勇气，变成一个爱找借口，喜欢推脱责任的人。孟子讲人要养"浩然之气"，大人物与小人物之间，最大的差别，我认为就是内心是否拥有这种"浩然之气"。而"浩然之气"，就是一种有担当、不服输、敢为天下先的大气。

# 深圳的小学生们已经开始学做生意了

沈老师，你好！

最近和儿子关系比较融洽，昨天睡觉前和他聊天，无意中说起了关于钱的问题，从他嘴里说出的事情真让我震惊！班里的风气可以用疯狂拜金来形容：班干部可以利用权力挣钱，盖一朵红花一块钱，卖个书签 20 元（一种荣誉的奖励）；同学间还流行放"高利贷"，今天借 10 元，明天须还 12 元；有人搞抽奖，每次 5 毛，不同奖品；代人跑腿给钱；甚至赌博，直接赌硬币的正反面，一次 1 元；低价买来的玩具高价卖出……总之，一切都是为了挣钱！有个同学开学至今已经用上述方法挣了 165 元！此同学还经常故意在同学面前感叹："今天才花了 20 元！"

从小到大，在儿子零用钱的问题上，我一直没有很好的方法。开始是比较松，外公外婆经常会给个 10 元或 5 元的，后来发现儿子大手大脚的，只要兜里有几块钱，他一定能想办法花掉。有一次，老师打电话说他经常和几个同学放学后在校门口买零食。我就收了他的所有钱，不过，没过多久，总会给他点钱，可是，现在我才发现只要他手里有钱就一定会乱花。主要就是买零食吃。目前的情况是，我给他钱但必须放到我这里，想用可以，必须我同意，适当地隔段时间买个零食玩具都可以。奖励的钱都在我这里管，就是想控制。我感觉儿子在心里很羡慕有钱的同学，也会贪小便宜、嘴馋，但因为我们也控制比较严，所以他参与得少。

我不知道还有没有更好的方法来管理零用钱。对于他班级的现象如何对待？要不要告诉他们的班主任？该怎么让他树立正确的金钱观念？因为单纯讲点道理是说服不了他的！说深了估计他也不可能接受，这是比较困惑的问题！请沈老师百忙中抽时间指导一下。谢谢！

秦先生，你好！

深圳五年级的娃娃们，在学校里已经有这样的金钱观念，我的确也有些意外。但对比美国的儿童教育，从小教孩子通过推销来赚钱的行为，这倒也不是什么大不了的事情。

我们的孩子，现在乃至将来都生活在市场经济主导下的商品社会里。我们身边几乎所有的东西，都以商品的形式存在和流通。在深圳这样一个大环境里，你让孩子完全置身事外、视而不见、不受影响，这是不可能的。就像过去的孩子，战争片看多了爱玩打仗的游戏一样，环境和时代会给孩子们留下深深的烙印。

按我的观念，观察一个孩子要从综合全面的角度去看。比如，他们班那个赚了165元的孩子，他在其他方面的表现如何，学习能力强不强，心理素质好不好，身体壮不壮，等等。如果这孩子学习挺好，心理素质不错，身体结实，甚至有时还把赚到手的钱，拿出一点捐给灾区的小朋友，那我从心里要说，这家伙将来可能就是巴菲特第二，是个有潜力的孩子。

当然，如果这孩子除了赚这点钱外，其他方面都很一般，甚至有点差，那他将来恐怕就单纯是个买卖人。

另外我们还不得不承认，在商业社会里懂得并善于运用商业规律的人，将来更能如鱼得水地生活。反过来说，对此一窍不通的人，他的赚钱能力会有些问题。

我确信美国人已经先我们而悟透这一点了，所以，他们在这个问题上对小孩子的策略是认真对待，积极培养。

比尔·盖茨的老爸在《盖茨是这样培养的》一书里写道："当盖茨还是一名童子军时，他们常通过出售原味坚果来挣钱，以满足他们假期开展活动的需要。团队之间往往也会展开竞争，看看哪支队伍最终筹得的资金多。所以盖茨也会花大量的时间，挨家挨户去征取坚果订单。

"那时候，每晚和周末的时间，我都与他同去，驾车送他前往不

同的街区，他挨家挨户售卖的时候，我则在车里耐心等待。

"事实证明，盖茨在很久以前就开始积攒并记录做生意的经验了，例如：上门销售产品时销售人员是什么感觉？哪些因素对购买决策产生决定性的影响？找准合适的市场对产品整体成功的影响程度如何？诸如此类。"

盖茨家在那时已是美国富足的中产家庭，爸爸是名律师。大律师花大量时间给儿子当车夫，其代价远大过卖坚果挣的钱。由此判断，盖茨父母（美国知识分子家长）认为，教孩子学习赚钱也是很重要的事。

当然，从小受到这种思想和行为训练的盖茨，长大后也确实表现出了惊人的商业头脑。同时，我们也看到美国也是商业人才最多的国家，他们为美国赚了数不清的钱。

这给我的启示是，如果美国人只重视学习能力，或卖坚果的能力，都很难培养出盖茨一类的人，两者兼备就会不断塑造出像布林、佩吉、扎克伯格这一类的人物。若再加上爱心教育，这些懂科学会经营的资本家，最终还会变成慈善家。

关于"感觉儿子在心里是很羡慕有钱的同学，也会贪小便宜、嘴馋"等问题，坦率地说，这是人类的通病。至少我和你儿子是一样的心态，也是羡慕有钱人，有时也会贪小便宜，也整天想着吃好吃的。

但我想，我们教育孩子的方向，恐怕不是让他们完全走"克己复礼""存天理灭人欲"的旧路。我们的教育应是"君子爱财，取之有道"的方针。

有哲人说："欲望是推动历史发展的动力。"我看关键是教育孩子怎样以合理可持续的方法来满足欲望。如果现在为每个月赚80块钱，整个心思都不在学习上，荒废了学业，考不上高中，那将来的格局恐怕很小。相反，如果现在把学习搞好，将来能为社会干大事业，到时钱也不会少赚。

关于孩子零花钱的问题，我主要想知道：你们希望孩子把钱花在什么方面？如果不希望他买零食的话，那希望他买什么？如果你们有明确的目标，那就引导孩子朝那个方向去消费。在这个问题上，不要让孩子猜哑谜，直接引导就行了。

至于班上的拜金主义思潮，我想这恐怕不是班主任能够完全控制得了的。即便你跟老师谈了，效果恐怕很难说。我更关心的是，作为每个家长，该怎样在大环境里教育出有个性的孩子。教育的结果应该是大花园里百花争香，而不是用一个模子，制造出都差不多的学生。

## 能不能像那位美国蓝领工人一样快乐？

沈老师好！

有个问题想请教，我有个同事被派到美国工作，在健身房健身时认识了一位黑人蓝领工人，他们经常聊天。工人说，他的收入并不高，但他每天就只工作四小时，之后用大把的时间来练肌肉。同事觉得那人每天过得很开心、很幸福，于是感慨地说，自己收入比他高一大截，但心理却经常处于焦虑之中，幸福感不高。大家也拿这个事反思中国教育，有人就说，中式教育把孩子们都弄成"学习机"，失去了生活本来的追求。有人说，让孩子有个好心态比让孩子死学习更重要。我觉得这个事情好像也没那么简单，想听听沈老师的意见，我们对孩子的教育该做什么样的调整？

您的一位读者

你好！

那位美国蓝领兄弟，一个人选择过这种轻松潇洒的生活，一点问题都没有。但如果还想让老婆孩子也过上体面生活，那每天只工作四小时，恐怕就会力不从心。再放大一些，从国家层面看，少部分国民选择这样的生活也无可厚非，但若大多数人都这样干，美国就不是今天这个样子了，他四小时能挣到的钱可能就不够泡健身房了。

要说这事对我们教育娃娃的启示，我想有两个吧。一是既要教孩

子努力学习和工作，也要教他们学会享受生活，两者不可偏废；二是将来孩子选择过某种比较轻松的生活，我们也应该坦然接受，有得有失，有失也有得。

# 奥巴马的家庭教育

奥巴马在一个演讲稿里，这样描述他的家庭出身：

"……我父亲当年是一名留美学生，但他土生土长在肯尼亚的一个小乡村，他从小在那里放羊，在破旧的铁皮屋顶小学上学。他的父亲，也就是我的爷爷，是一位为别人做饭的家庭佣工。但是我爷爷不想让我爸步他的后尘，他对我父亲有着更大的期许和梦想。通过艰苦的努力和顽强的毅力，我父亲最终拿到了来美国留学的奖学金，于是他漂洋过海踏上了美国这片神奇的土地。美国是自由的灯塔，她给予了早年来这里闯世界的人大量的机会。在美国留学期间，我父亲结识了我母亲。我母亲出生于美国的堪萨斯州。"

你看，奥巴马的亲爷爷，并不像是凡事尊重孩子的某些家长，或者信奉自然放养孩子的普通非洲家长，他更像咱中国的孟母，虽出身贫苦，但对孩子的教育不仅不自卑、不小家子气，且还有大理想，敢行动。最终，他让自己的儿子（奥巴马的爸爸）摆脱放羊生活，进入了美利坚合众国，先在夏威夷大学读书（认识了奥巴马的妈妈），后入哈佛大学深造，同时，还帮美国人民生了一个未来的小总统。可惜的是，奥巴马的爸爸很快和妻子分手，教育的重任落在了妈妈一人肩上。

根据传记资料记载，从1967至1971年的三年多时间，6岁的奥巴马随母亲和继父去印尼生活过一段时间。当时的印尼不富裕，其继父还要服兵役，所以他们家没钱送奥巴马进比较贵的国际学校，奥巴马的妈妈还要去当兼职老师，补贴家用。

但是，与孟母和奥爷爷一样性格的奥妈妈，决定自己来教儿子。

据英国《每日邮报》网站报道，奥巴马的母亲安·邓纳姆每天早上四五点就叫醒儿子，给他讲几小时的英语课，以保证儿子不比美国本土孩子差。早课完成后，再让奥巴马去附近的一所印尼学校上学。

试想一下，深圳的家长，有几个能做到每天四五点钟起来给孩子上课的？谁家的孩子又能受得起这个罪？当小奥巴马抱怨学习太苦的时候，奥妈就会嚷："嘿！小子，我也不轻松。"这些可都是奥巴马回忆里记录的，不信你可以去查。

在沈老师看来，如果国际上要搞一个奥运级别的"最佳家长大赛"，美国队选"奥妈"出场的话，中国一般程度上望子成龙的家长们根本就望尘莫及，无法PK。唯有派出郎国任朗先生，也就是郎朗的老爸，才有可能扳回一点脸面。从实际操作看，奥妈比耶鲁的华裔"虎妈"还要严格。

在奥妈严格训练下，奥巴马的学习能力堪称一流，一辈子不太为考试发愁。他先进哥伦比亚大学，后入哈佛大学拿法学博士，再当律师，选议员，做总统，人生之旅到目前为止都堪称顺风顺水。我认为奥巴马对母亲的最高评价，就是下面这句话："我身上最好的东西都要归功于她。"的确，按沈老师的核心两点论来衡量，一是让孩子有了超强的学习能力；二是培养出了积极的性格。足矣！非常了不起的妈妈！

# 希拉里的家庭教育

美国前总统夫人、前国务卿希拉里女士的家教资料比较好找，因为她专门写了一本名叫《举全村之力》的关于教育的书，内容更偏重于家庭教育。

对希拉里影响最大的人是她父亲。这位父亲自己是过苦日子过来的，所以，他教育孩子的基本思想是，想在这个竞争激烈的世上生活好，并不是一件轻松容易的事。父母想要孩子将来过上好日子，就必

须让他们掌握过硬的生存技能。他把这些技能比喻成铁锹，他的名言是："你能给孩子的最好工具是一把铁锹"，以便孩子可以"从生命的重压下挖出一条路来"。

用希拉里的话说就是："我把父亲当作我们的家庭与外面世界的使者，他认为外面的世界非常具有竞争性，他下决心要给我和我的两个弟弟——休和托尼，提供在外部世界生存和发展所需要的生活工具。"

想想我们的孩子，他们将来要面对的竞争与压力，恐怕一点不比美国孩子小。不信你就看看北、上、广、深的房价。看完房价，你一定会相信中国孩子也同样是"从生命的重压下挖出一条路来"。所以，爱孩子的根本方法，还是让他们手里能有个管用的铁锹为好。

这位军人出身的父亲，是第二次世界大战时专门训练海军的教官。他把训练士兵的一套用来培养孩子。最让我佩服的是，这位父亲把严格、纪律和爱与温暖，像搅拌咖啡、牛奶和糖一样，有机融合在一起，让儿女们享受着严格父爱的感觉。

希爸爸在教育儿女上，还有一个有趣的做法，请各位先看希拉里书中的原话："他会带我们去贫民窟，看看那些他认为缺乏自律和动力的人会变成什么样的人。"美国有贫民窟吗？应该是低档住宅区吧？如果有深圳家长，指着路边乞丐或流浪汉对孩子说："娃娃，你如果不好好学习，将来就会像他们那样……"恐怕也会招致路人的指责。但正宗的美国人，希拉里的爹地，竟然就用这么古老的方式教育孩子！！并且，前国务卿希拉里，还正儿八经写在书上，供大家参考！看来只要能把儿女教育好，美国人也会暂时回避一下人权、平等、博爱，用尽量直观和强烈的方式，刺激孩子，让他们有上进心。当然，子女真出息了，入了上流社会了，也要知道尊重弱势群体，照顾穷人的利益。研究盖茨、巴菲特的家庭教育，好像也都是差不多的路数。

我算是看透美国富贵人家的教育理念了，那就是，要充分尊重孩子成为上流精英的权利。原来，美国爹妈的心思，和中国父母的想法是一样一样的。由此，你是否能和我再次得出这样一个结论：没有美国教育和中国教育之分，只有好教育和差教育之别。不是吗？难道美国大牢里那么多的青少年罪犯，是中国家长教育出来的吗？